JN412380

화인 디아스포라의 현지적응과 정착기제

저자

임채완 전남대학교 세계한상문화연구단 전 단장
전남대학교 정치외교학과 명예교수, 정치사회학 박사

김혜련 전남대학교 세계한상문화연구단 연구교수, 국제학 박사

리 단 부경대학교 국제지역학부 중국학 전공 교수, 정치학 박사

최승현 전남대학교 국제학부 한중문화학 전공 교수, 역사학 박사

김영술 전남대학교 세계한상문화연구단 연구위원, 정치학 박사

전남대학교 세계한상문화연구 6차 총서 02

화인 디아스포라의 현지적응과 정착기제

2017년 6월 25일 초판 인쇄
2017년 6월 30일 초판 발행

지은이 | 임채완 · 김혜련 · 리단 · 최승현 · 김영술
펴낸이 | 이찬규
펴낸곳 | 북코리아
등록번호 | 제03-01240호
주소 | 13209 경기도 성남시 중원구 사기막골로 45번길 14 우림 2차 A동 1007호
전화 | 02-704-7840
팩스 | 02-704-7848
이메일 | sunhaksa@korea.com
홈페이지 | www.북코리아.kr
ISBN | 978-89-6324-559-1 (93300)

값 15,000원

• 이 저서는 2016년 대한민국 교육부와 한국연구재단의 지원을 받아 수행된 연구임
(NRF-2016S1A5B8925665)
This work was supported by the Ministry of Education of the Republic of Korea
and the National Research Foundation of Korea(NRF-2016S1A5B8925665)

전남대학교 세계한상문화연구 6차 총서 02

화인 디아스포라의 현지적응과 정착기제

Chinese Diaspora: Acculturation and Settlement

임채완 · 김혜련 · 리단 · 최승현 · 김영술

북코리아

총서를 펴내며

이 총서는 전남대학교 세계한상문화연구단이 2010년도 한국연구재단 대학중점연구소지원사업으로 선정된 "민족분산과 지구적 소통으로서 디아스포라 연구"라는 연구과제 중 제2단계 "동북아 디아스포라의 초국가적 성격"이라는 3년간의 연구과제 중 제1차년도에 해당되는 내용으로 지난 1년간 수행한 연구결과물을 엮어 책으로 출간한 것이다. 향후 연구소의 중점연구는 계속해서 제2단계 3년간 "동북아시아 디아스포라의 초국가적 성격", 제3단계 3년간 "디아스포라 공동체와 지구적 소통"이라는 주제로 총 9년간에 걸쳐 수행되며 연구결과물은 매년 총서로 출판될 예정이다.

본 연구단이 수행하고 있는 중점연구 제2단계의 연구목표는 한국, 중국, 일본 등 동북아 이산민족들의 현지적응과 정착기제를 초국가적인 관점에서 비교함으로써 이들 국가에서 발생한 이산민족의 보편성과 특수성을 규명하는 데 있다. 또한 이론적으로 베르브너(Werbner)가 정의한 '디아스포라의 위치(Place of Diaspora)' 개념과 초국가주의(Transnationalism)의 개념을 활용하여 탈영토적 '경계(Border)'에 걸쳐 사는 이주민들의 초국가적인 삶을 재해석하는 데 목표가 있다. 그리고 글로벌 동북아 디아스포라가 거주국에 정착하는 과정에서 부딪히게 되는 '물리적 경계(Boundary)'가 어떤 방식으로 그들을 타자화시키고 배제되는 심리적 경계로 고착화시켰는지, 그리고 모국에 대한 디아스포라들의 상상력은 어떻게 형상화되었고 다중정체성(Multiple-Identity)을 발현시켰는지를 밝히는 데 초점을 두고 있다.

구체적으로 제2단계 3년간 수행될 연구내용을 살펴보면, 제1년차에는 동북아 이산민족(해외 한인, 화인, 일계인)의 현지적응과 정착기제를 연구하였다. 모국을 떠난 동북아 디아스포라들이 이주지에서 현지사회로부터 경험한 배제와 타자화의 기제에 대하여 구체적인 사례와 자료수집을 통해 규명하였다. 또한 동북아 디아스포라 이주자들이 어떻게 현지에 적응해 나갔는지에 대한 현지적응 기제(Mechanism)를 상세히 밝혔다. 제2년차에는 해외 한인, 화인, 일계인의 다중정체성과 모국과의 연계성을 비교 연구하는 작업을 계획하였다. 본 연구 과제를 수행하기 위해 모국에 대한 동북아 디아스포라의 송금, 모국에 거주하는 가족 내지 친척과의 교류와 방문 정도, 모국에 대한 기대와 희망 등을 심층 조사할 것이다. 그리고 도상학(Iconography)의 관점에서 동북아 디아스포라가 갖는 '모국신화'와 '상징' 기제를 조사하여 모국에 대한 기억장치가 어떻게 각인되었고, 실제로 어떻게 작용하였는지에 대하여 분석하고, 연구과정에서 발굴한 자료들을 가공하여 문화콘텐츠로 개발할 것이다. 제3년차는 동북아 디아스포라의 사례를 통해 동북아 이산민족의 초국가적 성격에 대한 비교 연구를 진행할 것이다. 연구 수행을 위해 동북아 민족분산을 유형별(Typology)로 분류하고 이주의 보편성과 특수성을 개념화하는 이론 작업을 시도할 것이다. 또한 동북아 각국에서 국제이주를 유발하는 요인과 이주를 수용하는 요인이 무엇인지를 비교 연구할 것이다. 이러한 연구를 통해 궁극적으로 동북아 디아스포라의 초국가적 성격을 도출해 낼 것이며 동북아 3국 간의 민족분산의 유의미한 차이점을 도출하고 이를 민류학적인 개념의 틀로 설명하고자 한다. 2단계 3년간의 연구 성과는 아카이브 작업을 통해 '디아스포라 문화자원 DB'로 구축하여 후속연구에 유용한 자료를 제공할 것이다.

연구단은 지금까지 5차 총서로서 제1단계 제1차년도 연구총서는 『코리안 디아스포라: 이주루트와 기억』, 『화교 디아스포라: 이주루트와 기억의 역사』, 『일계인 디아스포라: 초국적 이주루트와 글로벌 네트워크』 등 총 3권으로 출판하였다. 제2차년도 연구총서는 『코리안 디아스포라의 집단적 기억과 재영토화』, 『화교 디아스포라의 집단적 기억과 재영토화』, 『일계인 디아스포라의 초국적 공간 이동과 재영토화』 등 총 3권으로 간행하였다. 제3차년도 연구총서는 『코리안 디아스포라의 혼종성과 문화영토』, 『화교 디아스포라의 혼종성과 문화영토』, 『일계인 디아스포라의 혼종성과 문화영토』 등 총 3권으로 출판하였다. 이상과 같이 제1단계 3년간의 연구총서는 연구단 5차 총서로서 총 9권으로 출간하였다. 이번에 출간하게 될 2단계 제1차년도의 연구총서는 『코리안 디아스포라의 현지적응과 정착기제』, 『화인 디아스포라의 현지적응과 정착기제』, 『일계인 디아스포라의 문화적응과 정착기제』의 총 3권으로 출간되며, 향후 3년간 6차 총서로서 총 9권으로 출간될 예정이다.

중점연구 제2단계 제1차년도는 "해외 한인, 화인, 일계인의 현지적응(Acculturation)과 정착기제(Settlement) 연구"라는 주제로 비교 연구를 수행하였다. 본 연구소는 해외한인 연구팀, 해외화인 연구팀, 해외일계인 연구팀 등 3개 팀으로 구성하여 한·중·일 3개국을 중심으로 동북아 디아스포라의 새로운 정착지에서의 현지적응과 정착기제를 비교 분석하였다.

연구방법은 한인, 화인, 일계인의 3개국 사례연구팀을 조직하여 이들 해당 지역에 대한 현지조사를 통한 심층면접과 참여관찰을 진행하였다.

또한 이들 동북아 이산집단의 경험을 비교적 온전히 증언할 수 있는 면담자를 선정하여 이주민의 차별과 배제의 경험에 얽힌 구술자료를 수집하고 이를 채록하여 연구자료로 활용하였다. 이 연구는 먼저 국내에서 문헌연구를 바탕으로 현지 설문조사와 면접조사를 실시하였다. 국외 지역으로는 중국, 일본, 카자흐스탄, 동남아 싱가포르 및 말레이시아, 그리고 국내지역으로는 인천과 부산 차이나타운, 서울 동부이촌동 일본인타운 등을 방문하여 현지조사를 실시하였다. 중점연구의 세부팀별 연구성과 및 수집자료는 다음과 같다.

한인팀은 제2단계 1차년도의 연구과제로서 '해외한인의 현지적응과 정착, 그리고 차별 및 배제 조사'를 수행하기 위해 문헌연구와 현지방문 및 설문조사를 실시하였다. 문헌연구는 중국조선족, 재일한인, 고려인 등 해외한인의 현지 사회적응 및 차별에 관한 선행연구(논문, 단행본)를 검토하였다. 현지방문조사는 일본 오사카 이쿠노쿠 코리아타운을 방문하여 재일한인의 현지 적응과 차별에 관한 기초자료 수집과 설문조사 및 인터뷰조사를 진행하였다.

중국조선족의 현지적응 및 차별에 관한 현지조사는 현지 협력 연구원(중국 연변대 김홍매 교수)을 활용하여 기초자료 수집과 설문조사를 실시하였다. 중국조선족의 현지 사회적응 및 차별, 생활 만족도에 관한 기초자료 수집 활동은 예산상의 문제로 현지 협력 연구원의 협조를 통해 간접적으로 진행하였다. 중국조선족에 관한 설문조사는 연변조선족 자치주-연길, 화룡, 용정, 도문, 돈화, 훈춘, 안도, 왕청 등- 에 거주하고 있는 조선족을 대상으로 실시한 결과 250부를 회수하여 분석에 활용하였다.

재일한인의 현지적응 및 정착기제에 대해서는 오사카 이쿠노쿠 코리아타운－미유키모리, 쓰루하시, 이마자토 등－을 방문하여 재일한인의 현지 사회 생활상과 코리아타운의 공간적 특성 등을 살펴보았다. 먼저 미유키모리 상점가는 약 150여 개의 가게가 성업 중에 있었으며, 주로 재일한인 김치 및 반찬 가게, 식당, 한복점, 한류숍 등이 운영되고 있었다. 그리고 일부 일본인이 운영하는 가게와 식당, 마트 등이 함께 어우러져 있었다. 특히 상점가는 주말의 경우 수많은 일본인 관광객들이 몰려들어 '제2의 명동 거리'라고 부를 정도로 재일한인과 일본인의 공존·공생이 이루어지고 있는 장소였다.

가령 오사카 이쿠노쿠 코리아타운에 있는 '에덴다방'은 재일한인(2세) 할머니들에게 특별한 장소이다. 이곳은 재일 2세 할머니들이 주로 찾는 곳으로 오전 9시부터 정오까지 모여 토스트와 커피를 먹으면서 외로움을 달래고, 다양한 정보를 나누며, 한인의 정체성을 확인하는 장소로 이용되어 왔다. '에덴다방'을 운영하는 이복숙 사장은 한국 현대사의 질곡을 온몸으로 체험한 산증인이다. 이복숙 사장은 제주도 신촌이 고향으로, 1948년 4·3항쟁의 직접적 피해자이다. 4·3무장대 '이덕구' 사령관이 작은아버지였던 탓에 모국뿐만 아니라 일본에서도 자신의 정체성을 숨기고 살아야 했다.

미유키모리 상점가는 올드커머와 뉴커머가 공존하는 지역이다. 특히 2000년대 초반 한류가 급속히 확산되면서 한류스타 관련 상품을 판매하는 한류숍 운영이 급성장하였다. 이와 더불어 한국의 김치, 반찬, 음식 등이 유행하게 되었다. 한류의 확산으로 미유키모리 상점가는 올드커머와 함께 뉴커머들이 정착하게 되었다. 뉴커머들은 주로 김치 및 반찬 가게, 식당, 한류숍 등을 운영하고 있다.

오사카 이쿠노쿠에 거주하고 있는 재일한인의 현지 사회적응 및 차별, 그리고 생활 만족도와 관련하여 면접조사를 수행하여 총 13건의 구술자료를 수집하였다. 구술자료의 내용을 살펴보면, 현재 오사카 이쿠노쿠에 거주하고 있는 재일한인들은 한마디로 '갈등과 공생'의 끼인 존재로서의 삶을 살아가고 있다. 먼저, 재일 2세와 같은 고령자 층에서는 현지사회에서 이방인으로서의 자신의 정체성을 인정하고 있으며, 그 결과 현지사회의 불합리한 정책에 대해 적극적으로 주장하기보다는 주변 사람들을 통해 해결하고자 하는 성향을 가지고 있다. 재일 2세들은 자신들의 디아스포라적 삶과 경험에 비추어 자녀들의 주류사회 진출을 위해 포용적인 태도를 가지고 있다. 예컨대, 일본학교 입학, 일본인과의 결혼, 일본 국적 취득 등과 같은 예민한 사안에 대해 이들은 자녀들이 현지사회에서 성공할 수 있다면 허용하는 입장을 보이고 있다.

재일 3세의 경우는 다양한 유형의 입장을 견지하고 있다. 먼저, 재일한인의 민족정체성을 유지, 계승하는 데 적극적인 활동을 전개하고 있는 그룹이 있다. 이들은 소·중학교에서의 교육운동, 즉 민족학급 운영을 통해 재일동포 어린이들의 민족교육을 담당하고 있으며, 재일한인의 인권보장과 권익옹호를 위해 적극적으로 사회운동을 지향하는 이들도 존재한다.

또 하나는 '자이니치'로서의 정체성을 인정하는 그룹이다. 이들은 어디에도 구속되어 있지 않아 제3의 시각에서 자유롭고, 다양하게 생각하고 바라볼 수 있는 장점을 가지고 있다. 즉 이들은 '관조적인' 삶을 지향하고 있으며, 다양한 부문에서 사회적 관계를 형성하고 문화예술 활동에 적극적이다. 마지막으로 재일 3세들 중 일부는 일본사회에 적극적으로 진출하기 위한 수단으로서 귀화를 선택하고 있다. 이들은 현지사회에서 살아가는데 실제로 많은 어려움에 직면하게 되는데, 이러한 한계를 극복하고 주류사회에 편입하기 위해 귀화를 선택한다. 더불어 민족교육의 한계로 한국어 능력이나 한국에 대한 이해도가 현저히 낮다는 것 또한 귀화의 배경이 되고 있다.

오사카 이쿠노쿠 재일한인들은 현지사회의 차별과 배제 정책으로 주변인 내지는 경계인으로서 정체성을 유지하고 계승하기 위한 다양한 전략을 취해왔다. 먼저 재일한인들은 '민족학급'을 개설하여 민족정체성 교육을 실시하고 있다. 현재 오사카시립 소·중학교 가운데 106개교에 민족학급이 개설되어 운영되고 있다. 오사카시립 소학교에 개설된 민족학급의 재학아동 수는 1,020명이며, 중학교에 개설된 민족학급 재학생 수는 627명에 이른다.

오사카 지역 재일한인들은 다양한 부문에서 시민단체를 조직하여 자신들의 인권보호와 권익신장 운동을 벌이고 있다. 대표적으로 '코리아NGO센터'(http://korea-ngo.org)가 있다. 이 단체는 2004년 3월 27일에 재일한국민주인권협의회, 민족교육문화, 원코리아페스티벌실행위원회 등 3

개 단체가 통합되어 설립되었다. 주요 활동은 재일한인의 민족교육권의 확립과 다민족다문화 공생사회의 실현, 재일한인 사회의 풍부한 사회기반 창조와 동아시아에서의 코리안 네트워크 구축, 남북 및 일본 간의 시민 NGO 교류협력 사업의 전개와 시민사회의 상호발전 촉진 등으로 남북통일과 '동아시아 공동체' 형성에 기여하고 있는 것으로 나타났다.

오사카 대한기독교회는 재일 1~2세들의 안정적인 생활을 위하여 '노인대학'을 개설하여 운영하고 있다. 이와 유사하게 오사카 성공회 이쿠노쿠센터에서는 지역 재일한인 할머니들을 대상으로 매주 월, 수, 금요일에 점심을 제공하는 프로그램을 운영하고 있다. 오사카 이쿠노쿠 코리아타운에는 주로 제주도 출신자들이 집중 거주하고 있어, 매년 제주 4·3항쟁 희생자 위령제를 지내고 있다. 이와 같이 재일한인들은 현지사회에서 민족정체성을 유지하고 계승하기 위한 다양한 프로그램을 운영하고 있으며 현지 주민과의 공생을 위한 전략도 취하면서 현지적응과 정착에 노력하고 있는 것으로 나타났다.

그 밖에 한인팀 현지조사에서는 주로 오사카 이쿠노쿠 코리아타운에서 미유키모리 상점가, 쓰루하시 시장, 이마자토 등을 탐방하였다. 조사내용은 재일한인의 이주과정 및 이주경로, 현지 사회적응 및 정착 과정, 차별 경험, 현지 생활 만족도, 민족교육 및 정체성 등이었다. 구술조사는 이복숙(에덴다방 운영), 윤영희(재일 2세), 이상호(김치 공장 직원), 이경일(재일 2세), 오광현(성공회 오사카 이쿠노쿠센터 총간사), 김홍종(노동자), 김광민(코리아NGO센터 사무국장), 박희환(재일기독교 오사카교회 부목사), 임고홍(재일 3세) 등을 대상으로 실시하였다. 도서 및 단행본 수집자료는 『재일한인의 역사』, 『오사카 이쿠노쿠의 역사와 문화』, 『4·3으로 떠난 땅, 4·3으로 되밟다』, 『성공회 오사카 이쿠노쿠센터 10주년기념집』, 『민족기금뉴스』, 『제주 4·3항쟁 66주년 희생자 위령제 자료집』등이었다. 사진자료는 오사카 이쿠노쿠 코리아타운(미유키모리 상점가, 쓰루하시 시장, 이마자토 타운 등 150건), 오사카 이쿠노쿠 나카가와소학교 민족학급 시업식 사진 20건, 제주도 4·3사건 66주년 재일본 제주 4·3사건희생자 위령제 사진 10건, 오사카교회 노인대학 사진 10건, 성공회 이쿠노쿠센터 복지활동 사진 10건, 코리아NGO센터 사진 5건 등을 수집하였다. 설문조사는 재일한인회 홍성협 부회장의 협력으로 도쿄 거주 재일한인을 대상으로 총 150부를 수집하여 이 책의 분석에 활용하였다.

화인팀은 제2단계 제1차년도의 연구과제를 수행하기 위해 문헌연구와 더불어 말레이시아와 인도네시아 지역 현지조사를 진행하였다. 현지조사는 모국을 떠난 화인 디아스포라의 현지적응과 정착기제를 탐구하기 위해 2014년 2월 8일부터 18일까지 말레이시아 쿠알라룸푸르, 인도네시아 자카르타 등을 방문하여 조사를 진행하였다.

현지조사는 구술조사와 설문조사를 병행하여 화인 디아스포라의 현지적응 실태 및 정착기제를 탐구하였다. 모국을 떠난 화인 디아스포라의 현지정착 실태를 분석하고, 나아가 모국을 떠난 이들이 현지사회로부터 경험한 배제와 타자화 기제를 파악하기 위해 구술조사와 설문조사를 실시하였다.

구술조사는 인도네시아에 거주하는 화인 디아스포라를 대상으로 진행하였으며, 총 11건의 녹취자료를 수집하였다. 구술조사에 참여한 연구대상자는 화상, 화인 전문가, 그리고 화인학교, 화인단체, 화인신문 등 다양한 분야의 관계자로서 현지 화인 디아스포라 사회를 이해하는 데 도움이 되는 인물을 위주로 선정하였다. 연구자는 구술조사 참여자에게 연구 목적을 충분히 설명한 후 반구조화 된 질문지를 사용하여 자유롭게 구술을 진행하였다. 구체적으로 인도네시아 화인 디아스포라의 현황과 사회생활, 현지적응 실태, 적응 과정, 현지인과의 갈등 등에 초점을 두고 구술조사를 진행하였다. 조사과정에서 연구자는 구술 내용뿐만 아니라, 참여자들의 반응과 표정, 조사가 끝나고 면접에서 느끼고 생각했던 내용을 메모하여 분석자료로 활용하였다.

동남아 화인 디아스포라에 대한 설문조사는 현지 연구조사 보조원을 통해 이루어졌다. 말레이시아에서는 2014년 2월 8일부터 5월 14일까지 200부의 설문지를 배포하여 119부를 회수하였고, 인도네시아에서는 2014년 2월 8일부터 3월 25일까지 200부의 설문지를 배포하여 144부를 회수하였다. 설문지는 화인 디아스포라 현지적응과 관련된 총 102개의 문항으로 구성되었으며, 설문내용은 현지 거주국에서의 적응실태와 삶의 만족도, 거주국으로부터 경험한 차별과 배제를 충분히 반영하였다.

또한 화인 집거지인 차이나타운을 방문하여 화인들의 현지적응 실태를 살펴보고, 나아가 그들이 소장하고 있는 사진이나 문헌자료 등을 수집하였다. 말레이시아에서는 주로 쿠알라룸푸르에 위치한 차이나타운을 방문하였고, 인도네시아에서는 주로 자카르타에 위치한 망가두아(Mangga Dua), 빤조란(Pancoran)의 차이나타운을 방문하여 화인들이 운영하는 상가, 식당, 서점, 그리고 화인 명절이나 축제 때 방문하는 사찰 등을 탐방하였다.

인도네시아에서 방문한 팔화학교는 가장 오래된 화인의 역사를 자랑하는 대표성이 있는 화인학교로서, 1901년에 설립되어 전성기를 누리다가 1966년 정부에 의해 강제 폐쇄되었다. 팔화학교는 1901년 중화회관이 설립한 학교이며, 중화회관학교 혹은 중화학교로 불렸다. 정부의 동화정책으로 인해 강제 폐쇄되었던 팔화학교는 폐쇄 42년 후인 2008년 인도네시아 화상들의 지원에 의해 재개되었다. 2014년 현재 팔화학교에는 초·중·고등학생 3,600여 명이 재학 중이며, 중국어뿐만 아니라 인도네시아어와 영어 등도 가르치고 있다. 이제 팔화학교는 단순한 화인학교가 아니라, 인도네시아 실정에 부합되는 '3중 언어학교'로 성장하였다.

다음은 화인들이 현지사회에 적응하고 주류사회에 진출하는 데 어떻게 그들만의 민족네트워크를 구축하고 있는가를 파악하기 위해 화인단체를 방문하였다. 화인단체는 화인사회가 성장하고 발전하는 데 중요한 역할을 담당해 왔다. 화인단체는 화인신문, 화인학교, 나아가 화인 네트워크를 구축할 수 있는 핵심 요인이다. 1900년 인도네시아에서는 첫 화인단체인 중화회관(中华会馆)이 출범하였다. 1958년 이후 인도네시아 정부가 강압적인 동화정책을 추진하면서 대부분의 단체가 해산되었다. 그리고 1998년 5월 이후 인도네시아 화인 디아스포라에 대한 제한이 점차 완화되자 화인의 권익을 보호하고 화인들이 주류사회로 진출할 수 있도록 지원하는 다양한 화인단체들이 설립되기 시작하였다. 1998년 이후에 설립된 인도네시아 화인단체는 500여 개로 그중의 객가연합총회가 인도네시아에서 가장 큰 화인단체 중의 하나이다.

마지막으로, 화인 디아스포라들이 상호 정보를 전달하고 화인사회 발전 양상을 보여주는 가장 중요한 매개체인 신문사를 방문하였다. 인도네시아의 경우, 2014년 현재 발간되고 있는 화인신문은 중앙신문 5개, 지방신문 3개로서 총 8개 정도이다. 그중 중앙신문은 '국제일보(国际日报)', '인도네시아성주일보(印尼星洲日报)', '천도일보(千岛日报)', '인도네시아상보(印尼商报)', '신보(讯报)' 등이 있다. 정부의 제한정책으로 화인신문은 40여 년 만에 재발간되었지만, 화인신문을 읽을 수 있는 독자의 감소, 광고 수입 감소와 중국어 기사를 보도할 수 있는 젊은 화인 인재의 부족으로 경영난을 겪고 있는 것으로 나타났다.

화인팀의 구체적인 자료수집 현황을 보면 구술조사는 인도네시아 화인 디아스포라를 대상으로 이주 역사, 정착과정, 현지적응 실태, 정착기제 등 인도네시아 현지에서 화인들이 경험한 편견과 차별에 대한 자료를 수집하였다. 구체적인 구술조사 대상은 천산부(陈善福, 20대/이민 3세대/사무용품 회사 운영), 루이쿤(卢一坤, 70대/이민 3세대/화인 작가), 저우수싱(周树兴, 60대/이민 3세대/화인객가박물관 담당자), 량룽성(梁荣升, 60대/이민 4세대/팔화학교 중국어 주임), 정첸(郑茜, 20대/이민 1세대/팔화학교 중국어 교사), Didi(40대/이민 7세대/NABIL 민족건설재단 담당자), 리스머우(李思谋, 이민 4세대/렌퉁서점 담당자), 구수윈(古淑云, 이민 3세대/인도네시아 객가연합회 담당자), 천더밍(陈德铭, 이민 4세대/인도네시아 비누스대학교 강사) 등이었다.

화인팀의 기초자료 수집은 도서 및 단행본으로 『모국에 대한 왕우산의 사랑(汪友山真诚热爱祖国)』, 『민주개혁시대의 정치 풍운(民主改革时代政治风云)』 등 8권, 신문자료로 국제일보(国际日报), 인도네시아성주일보(印尼星洲日报), 인도네시아상보(印度尼西亚商报) 등 9건, 사진자료로 인도네시아 화인문화공원, 객가박물관, 화예박물관, 팔화학교(八华学校), 롄퉁(联通)서점, 국제일보(国际日报), 화인단체 객가연합회(印尼客家联谊会) 관련 사진 300건 등이었다. 설문조사는 인도네시아 거주 화인을 대상으로 144부를 수집하여 이 책의 분석자료로 활용하였다.

일계인팀은 '일계인의 현지적응과 정착기제'라는 연구과제를 수행하기 위해 문헌연구와 더불어 요코하마 JICA 해외이주자료관 자료실, 가나가와 현 쓰루미쿠 NPO법인 ABC저팬, 시즈오카 현 하마마쓰 시, 나고야 오수 지역 브라질학교를 방문하여 현지조사를 실시하였다. 현지조사의 목적은 일계브라질인들이 모국을 떠나 해외 및 일본으로의 이주와 재이주를 거듭하고 있는 상황에서 그들이 이주사회에서 경험한 배제와 타자화 기제의 구체적인 사례를 수집하는 데 있었다. 즉 일계인 디아스포라 이주자들이 이주지에서 어떻게 적응해 왔는지 그들의 현지 정착과 타자화의 기제를 규명하는 데 목적이 있었다.

일본 현지조사 기간은 2014년 2월 17일부터 2014년 2월 26일까지 10박 11일간 일계인들이 집거하고 있는 가나가와 현 쓰루미쿠, 요코하마 해외이주자료관, 시즈오카 현 하마마쓰 시, 나고야 오수(大須) 지역 등을 방문하여 일계인 현지적응과 정착기제 관련 자료를 수집하였다.

일본인의 해외이주는 메이지 이후 해외로 진출하기 시작하면서 1970년대 초반까지 지속되었다. 1980년대 이후에는 일본기업의 노동력 부족으로 1990년 일본입국관리법이 개정되면서 30만명 이상의 일계인들이 일본으로 귀환하였다. 이들은 주로 군마 현 오이즈미 마치, 요코하마 시 쓰루미쿠, 시즈오카 현 하마마쓰 시, 나고야 시 오수 등지에서 주로 자동차 부품 조립, 전자제품 조립, 악기산업, 식품공장 등에서 노동자로 종사해 왔다. 2008년 리먼쇼크 이후 세계경제위기와 일본 경제불황으로 약 10만 명 정도가 브라질로 귀국하였고, 현재 20만 명 정도가 일본에서 생활하고 있다.

이러한 이유로 이번 조사는 일본 나고야 지역에서 생활하고 있는 일계인들을 중심으로 면접조사와 설문조사를 실시하였는데 연구 결과 유사한 이주경험을 공유하고 있는 한국 다문화사회에도 많은 시사점을 제공해 줄 것으로 생각된다. 현재 일본에서 생활하고 있는 일계인과 그 자녀들에게는 일본어 문제, 학업 성취와 학교생활 적응, 취업 문제 등이 가장 큰 문제로 대두되고 있었다. 그 이유는 학부모의 직업(장시간의 노동), 학생들의 일본어와 학력 부족, 그리고 데카세기에 따른 학습동기나 의욕 부족 등이 제기되고 있었다.

이번 현지조사는 일본의 동화정책(assimilation)과 이민수용정책(reception)이 요코하마 시 쓰루미쿠, 시즈오카 현 하마마쓰 시, 나고야 시 오수 지역 등에 거주하는 일계인의 이주와 정착 과정에 미치는 영향에 대하여 살펴볼 수 있었다. 이러한 연구 경향은 일본기업이나 정부의 일계인에 대한 일본어 강요와 교육 문제에서도 여실히 드러나고 있었다. 특히 이번 조사는 일계인 집거지역 중에서도 나고야 시에 거주하는 일계인의 현지적응과 정착 과정에서 언어교육 문제와 취업이라는 두 가지 문제점에 초점을 두고 살펴보았다.

현지조사는 일본 내 일계인을 대상으로 일계인의 이주와 정착과정을 고찰하고, 그들의 정착기제를 도출하는 데 있었다. 특히 일본 내에서도 일계인들이 가장 밀집되어 있는 요코하마 시 쓰루미쿠, 시즈오카 현 하마마쓰 시, 나고야 시 오수 지역에 거주하는 일계인을 중심으로 현지적응과 정착기제에 초점을 두고 고찰하였다. 연구 방법은 이들 지역을 대상으로 한 문헌연구, 설문조사와 수집자료의 분석, 현지 참여관찰 및 인터뷰조사 등으로 실시하였다.

연구 결과 일본 거주 일계인들은 1990년대 전후 이주하기 시작하여 비교적 짧은 일본 내 이민 역사로 인하여 일본어, 교육, 취업 문제 등 현지적응과 정착 등에 많은 어려움을 겪고 있는 것으로 나타났다. 특히 일계인들은 일본에 돈벌이 노동자(デカセギ)로 도일한 경우가 많아 언어 문제, 자녀교육 문제, 공장노동자에서 고령으로 인한 서비스산업(개호복지 및 도시락 산업 등)으로의 전업 등 정착 과정에 많은 어려움을 겪고 있었다. 또한 일본정부가 처음 일계인들을 수용하게 된 배경은 일본인 후손 2~3세로 언어와 문화적 차이를 해결할 수 있을 것이라는 강점이 작용하였지만, 이와는 반대로 일본-브라질 간의 문화적 차이로 인한 노동 가치와 일에 대한 개념의 차이로

양국 간의 상당히 큰 문화적 괴리가 존재하고 있음을 확인하는 계기가 되었다. 이러한 문제들은 일계인의 일본 사회적응을 방해하는 대표적인 요인들이었다.

그러나 이러한 일계인의 일본사회 정착 과정에서 가장 큰 역할을 수행하고 있는 것이 일계인 대상의 브라질교회이다. 이들 교회는 브라질 현지 노동자 모집－일본으로의 이주－일본사회의 정착을 위한 일본어 교육과 취업알선, 정신적인 케어 등 이들 간의 3자 협력을 적극적으로 추진하고 있었다.

연구 결과, 일계인의 이주와 정착 과정에 미치는 중요한 요인을 살펴보면 다음과 같다. 먼저 일본 이주 일계인 부모들의 일본어 부족은 일본인 및 일본사회와의 관계에 일정 거리를 유지하게 하는 에스닉 전략이자 적대적 환경에서의 생존전략으로 일본 사회와의 통합과 문화적응에 부정적 영향을 미치고 있었다. 즉, 학부모들이 일본어를 잘할수록 거주국 일본에 대한 소속감, 신뢰, 이민자 가족의 문화적응을 촉진하는 경향을 보였다. 그러나 반대의 경우, 일본사회에 반항적이거나 부적응의 정체성을 드러낸 것으로 나타났다.

다음으로 부모세대와는 달리 일본에서 태어난 일계인 2세들의 정체성은 일본인의 정체성에 가깝고 부모세대와의 의사소통이 큰 문제로 나타났다. 특히 도일 목적이 데카세기 노동자로서 일본에 정착한 일계인 1세들은 잔업과 식품산업 등에 종사하는 관계로 장시간 노동을 하기 때문에 일본어 부족 현상이 뚜렷하고 현실적으로 일계인 2세, 혹은 그들 자녀와의 의사소통이 더욱 어려운 것으로 나타났다. 이러한 현상들은 일계인 부모와 자녀들 간의 정체성과 동화를 둘러싼 문화적응의 갈등을 조장하게 되고, 부모들의 일본인 문화적응과 정체성에 대한 거부감을 더욱 확대시켜 브라질에 대한 향수병이나 상실감으로 이어지고 있었다. 결국 일본정부의 이민자에 대한 동화와 수용정책은 제도적으로 일계인 부모들에게 적대감정, 일계인 학생들에게 일본 문화적응을 강요하게 되면서 일본사회의 정착과정에서 일본정부와 긴장관계를 조성시키고 있는 것으로 나타났다. 현재 일계인 사회는 일계인 학부모들의 불완전한 일본 문화적응과 학생들의 완전한 동화 사이에서 움직이고 있다. 이러한 상황에서 일본에서 일계인 교회는 일계인 커뮤니티를 대신하여 일계인들의 이주와 정착에 매우 중요한 정착기제의 역할을 수행하고 있었다. 향후 연구에서는 일계인 1세의 동화정책에 따른 적응전략, 일계인 2세들의 브라질과의 관계 등에 주목할 필요가 있을 것이다.

구체적으로 일본 현지조사에 따른 자료수집 내용과 현황을 살펴보면 다음과 같다. 먼저 구술채록과 면담 대상은 나고야 오수 지역에 거주하는 일계인 시노다상과 마리아상, JICA요코하마 해외이주자료관 요시다상, 일계인교회 니시사요에상, 해외일계인대회 담당자 니시와키상, NPO ABC저팬 하시모토상, 일본 도토리대학 코지마 교수, 코리아NGO센터 김광민 대표, 니시 제퍼슨 일계 브라질 교회 주임목사, 나고야 브라질 학교 시노다상이었고 요코하마 해외이주자료관 방문 사진 촬영, 나고야 브라질 교회 방문(MY Brazil 앞), 오사카 이쿠노쿠 코리아타운 사진 촬영, 쓰루미쿠 국제라운지 방문 등으로 조사하였다. 일본 현지조사 결과의 중요한 성과는 일계인 대상 설문조사 120부, 인터뷰조사 10명, 사진자료 300장, 참고문헌 단행본 7권, 기타 낱장 자료 30여 장 등을 수집하여 분석자료로 활용하였다.

끝으로 연구단 총서가 발행되기까지 물심 양면으로 도와주신 모든 분들에게 감사드린다. 먼저 중점연구사업의 일환으로 동북아디아스포라 연구를 수행할 수 있도록 지원해주신 한국연구재단 관계자, 그리고 연구단이 주최한 각종 국내 및 국제학술대회에 참석하여 연구성과에 대한 발표자 및 토론자로 유익한 조언을 해주신 국내외 디아스포라 전문가 및 학자, 연구단 홍보에 아낌없이 지원해주신 언론·방송 미디어 관계자 여러분들께 진심으로 감사드린다. 또한 이른 아침부터 밤늦게까지 불철주야로 연구에 전념해준 전남대학교 중점연구소 공동연구원, 전임연구원, 대학원생 및 연구보조원들에게도 깊은 감사를 드린다.

2017년 6월

용봉골에서

세계한상문화연구단 전 단장 임채완

| 추천사 |

오늘날 우리 사회는 과학기술과 통신의 비약적인 발전으로 국경과 이념을 초월하는 글로벌시대가 되었으며, 이러한 시대적 흐름에 따라 세계 각국은 국가경쟁력 강화와 국력의 외연 확장을 위한 소중한 인적자원으로서 '디아스포라'를 주목하고 있다.

모국을 떠나 살아가고 있는 '디아스포라'는 다문화적이고 다언어적인 특성을 가지고 있어 정치, 경제, 문화 등 다방면에서 모국과 거주국 사이의 가교 역할을 하며 국제사회 속 모국의 영향력 확대와 국익을 돕는 유용한 민족자산이다.

우리 정부는 이러한 재외동포 디아스포라의 중요성을 인지하고 재외동포재단을 중심으로 재외동포가 민족적 유대감을 유지하면서 거주국에서 모범적인 구성원으로 정착할 수 있도록 물심양면으로 지원해 왔으며, 최근에는 720만 재외동포를 포괄하는 '글로벌 한민족 네트워크'의 발전을 위해 다양한 노력을 하고 있다.

그간 전남대학교 세계한상문화연구단은 글로벌 디아스포라 연구의 선도자로서, 2010년에 "민족분산과 지구적 소통으로서의 디아스포라 연구"라는 주제로 한국연구재단의 '대학중점연구소지원사업'에 선정되어 총 3단계, 9년에 걸쳐 디아스포라 관련 연구를 수행하고 있다. 이 연구는 한국, 중국, 일본 등 동북아 3국의 디아스포라를 대상으로 진행하고 있어 우리의 한민족 디아스포라를 화인, 일계인 등 이웃 국가의 디아스포라와 비교·분석하여 귀중한 시사점을 얻을 수 있다는 의의가 있으며, 디아스포라 관련 연구의 외연을 확장하는 측면에서 학술적 의의가 높다고 평가된다.

전남대학교 세계한상문화연구단이 수행하고 있는 중점연구의 각 단계별 연구주제를 보면, 1단계는 "동북아시아 민족분산과 문화영토", 2단계는 "동북아시아 디아스포라의 초국가적 성격", 3단계는 "디아스포라 공동체와 지구적 소통"이다. 1단계 연구는 "이주루트와 기억, 공간적 치환과 재영토화, 집거지와 문화영토"라는 주제로 총 9권의 총서를 이미 발간했다.

이번에 발간되는 3권의 총서는 2단계 중 1차년도의 연구주제인 "해외한인, 화인, 일계인의 현지적응과 정착기제"에 관한 연구결과를 집약한 것으로『코리안 디아스포라의 현지적응과 정착기제』,『화인 디아스포라의 현지적응과 정착기제』,『일계인 디아스포라의 문화적응과 정착기제』로 구성되어 있다.

이 총서는 근현대 동북아 3국의 디아스포라가 모국을 떠나 문화가 다른 새로운 정착지에서 어떻게 살아가고 어떠한 정착기제들을 구축했는지에 대해 주목하고 있으며, 이주민으로서 정착하는 과정에서 받았던 사회적 차별과 배제의 경험을 현지조사를 통해 상세히 기술하고 있다. 또한 세 국가의 디아스포라가 스스로 구축해 온 정착기제에 대한 다양한 사례를 제시하고 있어 디아스포라의 연구 기반을 다지고 학문 영역을 확장시키는 데 기여할 것으로 평가된다.

이와 더불어, 다문화사회로 진입한 국내 사회통합에 관해서도 많은 시사점을 제공할 것으로 사료된다. 현재 우리 사회에는 외국국적 동포, 북한이탈주민, 외국인 이주노동자, 국제결혼 이주여성 등 다양한 유형의 이주민들이 살아가고 있다. 이들은 각 거주지에서 안정적으로 정착하기 위해 사회적 네트워크를 구축하여 살아가고 있으며, 다양한 축제와 이벤트를 통해 문화적 이질감을 해소하고 있다. 그럼에도 불구하고 우리 사회의 이주민에 대한 사회적 인식에는 아직도 긍정적인 시선보다는 부정적인 시선이 많이 존재한다. 이러한 맥락에서 이번에 발간된 3권의 연구총서는 외국인 이주자에 대한 우리 사회의 인식과 태도를 개선하고, 사회통합의 바람직한 방안을 모색하는 데 기여할 것으로 생각된다.

그간, 동 연구총서 발간을 위해 불철주야 노력하신 임채완 단장과 공동연구원, 연구교수, 그리고 연구보조원들에게 축하를 보내며, 본 연구총서가 재외동포, 외국인 이주노동자, 국제결혼 이주여성, 북한이탈주민 관련 정부기관 및 단체의 정책적 지원 방안 수립과 대학 및 연구기관 전문 연구자들의 학문적 탐구에 유익한 자료로 활용되기를 기대한다.

2017년 6월

재외동포재단 이사장 주철기

| 서 문 |

초국적 인구이동이 일반화됨에 따라 디아스포라가 학계에서 새로운 이슈로 부상하고 있다. 일국의 경계를 넘어 흩어진 민족이라는 뜻을 내포하고 있는 디아스포라는 최근에 국제이주, 다문화, 민족정체성, 문화공동체, 문화접변 등을 아우르는 보편적 개념으로 확대되고 있는 추세이다.

전남대학교 세계한상문화연구단은 2010년 한국연구재단 대학중점연구소지원사업에 선정되어 "민족분산과 지구적 소통으로서 디아스포라 연구"라는 주제로 9년에 걸쳐 연구를 수행하고 있다. 제2단계에서는 "동북아 디아스포라의 초국가적 성격"이라는 주제로 연구를 수행했으며, 이 책은 제2단계 제1차년도 연구주제 "해외 화인의 현지적응과 정착기제"를 규명한 연구결과물이다.

디아스포라는 초국적 이주의 산물로, 현지 토착사회와 구별되는 여러 가지 특성을 지니고 있다. 그들은 거주국 사회에 유입된 후 문화변용의 과정을 경험하게 되며, 출신국 문화와 거주국 문화 간의 차이를 인식하면서 거주국의 정치, 경제, 사회, 문화에 적응해 나간다. 아울러 디아스포라는 현지 거주국에 뿌리를 내리는 과정에서 그들만의 공동체, 학교, 단체, 신문과 잡지, 문화시설 등 정착기제를 구축함으로써 현지사회에 적응해 나간다.

디아스포라 집단에서 가장 대표적인 화인 디아스포라도 마찬가지이다. 중국은 세계에서 가장 큰 규모의 디아스포라를 보유하고 있다. 모국을 떠나 세계 각국에 산재해 있는 화인 디아스포라는 유대인에 버금갈 정도로 강력한 자본과 네트워크를 보유하고 있다. 그들은 오랜 현지적응 과정을 거쳐 서로 다른 방식으로 거주국사회에 정착하고 있으며, 그들만의 정착기제를 통해 민족공동체를 구축하고 있다. 이러한 문제의식에서 이 책은 디아스포라의 현지적응과 정착기제에 주목하여 화인 디아스포라가 현지 거주국에서 어떻게 적응하고 있으며, 어떤 정착기제를 통해 거주국에서 공동체를 형성하고 있는가를 탐구하는 데 목적이 있다.

이러한 연구목적을 실현하기 위해 연구팀은 화인 디아스포라가 가장 많이 거주하고 있는 동남아시아 지역에서도 서로 다른 현지적응 양상을 나타내는 인도네시아와 말레이시아를 선정하여 그들의 거주국 이주 역사, 현지사회 적응 실태, 정착기제 등을 검토하였다. 또한 심도 있는 연구를 진행하기 위해 문헌연구, 설문조사, 심층면접을 병행하였으며, 인도네시아 자카르타, 말레이시아 쿠알라룸푸르를 직접 방문하여 현지조사를 진행하였다.

디아스포라를 연구함에 있어서 기존 연구는 대부분 그들의 역할에 초점을 맞추어 화인 디아스포라의 네트워크, 화상 자본, 모국 투자 등에 치중되었다. 기존 연구와 달리 이 책에서는 초국적 이주민 화인 디아스포라의 현지적응, 차별경험, 정착기제, 나아가 거주국의 이주민 사회통합정책 등에 주목하여 실증연구를 기반으로 그들의 거주국 정착 실태를 검토하였다.

이 책에서 다루고자 하는 연구내용은 아래와 같이 다섯 가지이다.

첫째, 화인 디아스포라의 인도네시아, 말레이시아 유입 배경 및 이주 역사를 고찰하고, 현지 거주국에서 화인사회가 형성된 과정, 화상자본의 축적 실태를 세부적으로 분석한다.

둘째, 설문조사를 중심으로 인도네시아 및 말레이시아 정착 화인 디아스포라의 언어, 문화, 정체성, 사회적응, 차별경험, 생활만족도, 정책만족도를 분석하여 그들의 현지적응 실태를 세부적으로 파악한다.

셋째, 인도네시이와 말레이시아 화인 디아스포라가 현지에 뿌리를 내리는 과정에서 구축한 정착기제와 대응방식을 검토한다. 주로 화인학교, 화인단체, 화인신문을 중심으로 이러한 정착기제가 구축된 배경과 역사, 현황 등을 심층적으로 검토한다.

넷째, 인도네시아와 말레이시아 화인사회의 특징을 분석한다. 인도네시아에는 약 1,000만 명이라는 화인 디아스포라가 거주하고 있음에도 불구하고, '보이지 않는' 화인사회를 형성하고 있으며, 주류사회로부터 주변화 되어 이방인으로 살아가고 있다. 이와 달리 말레이시아 화인 디아스포라는 활발한 정치참여와 경제활동을 기반으로 주류사회에 진출해 영향력을 확대하고 있다. 이 책에서는 두 국가 화인 디아스포라의 서로 다른 현지적응 양상을 세부적으로 검토한다.

다섯째, 인도네시아와 말레이시아의 이주민 사회통합정책을 비교 분석하여 두 국가의 화인 디아스포라가 서로 다른 현지적응 양상을 나타내는 원인을 파악한다. 인도네시아와 말레이시아는 언어·문화·종교적으로 다양한 공통성을 보유한 두 국가이며, 화인 디아스포라의 이주시기와 이주루트도 유사성을 지니고 있다. 그러나 오랜 기간의 현지적응 과정을 거쳐, 두 국가의 화인 디아스포라는 전혀 다른 적응양상을 나타내고 있다.

이 책은 정부의 서로 다른 이주민 사회통합정책에서 그 상이한 현지적응 양상의 실마리를 찾았다. 정부에서 추진하는 이주민 사회통합정책이 다름에 따라 그들의 현지사회 정착 실태, 원주민과의 종족관계, 주류사회로의 진출 정도가 결정된다.

이 책의 내용들은 연구자들이 전문학술지에 게재한 논문을 기반으로 삼아 일부를 보완하여 삽입하였다. 이 책에서 활용하고 있는 연구자들의 기존 논문은 다음과 같다.

김혜련·리단. “갈등과 융합: 인도네시아 화인 디아스포라 현지적응 연구”. 『동북아문화연구』 제39집(2014); 김혜련. “인도네시아와 말레이시아 화인 디아스포라의 현지사회 정착과 화인정책 비교”. 『평화학연구』 제15권 5호(2014); 김혜련. “말레이시아 화인 디아스포라의 모국관계 연구”. 『민족연구』 제61호(2015); 김혜련. “말레이시아 화인과 말레이인의 종족관계 조사 연구”. 『중국학』 제58집(2017); 김혜련. “말레이시아 화인 디아스포라의 민족교육 실태 연구”. 『인문사회21』 제8권 3호(2017) 등이다.

이 총서가 나오기까지 바쁜 일정 속에서도 심층면접과 참여관찰, 설문조사에 흔쾌히 응해주신 인도네시아 자카르타와 반둥, 말레이시아 쿠알라룸푸르의 화인 디아스포라에게 깊은 감사를 표한다. 특히 현지조사와 자료수집 과정에서 도움을 주신 인도네시아 루이쿤(卢一坤), 어윈(Erwin), 말레이시아 주쟈벙(祝家丰), 그리고 익명의 현지 조력자들에게 감사의 뜻을 표한다. 또한 현지조사에서 수집한 많은 자료들을 정리하고 도움을 준 연구보조원에게도 고마움을 전한다. 마지막으로 총서의 출판에 도움을 주신 북코리아 이찬규 사장님과 편집진 여러분께도 감사드린다.

2017년 6월

공동저자 일동

| 차 례 |

표 차례

그림 차례

사진 차례

제1장 머리말

1. 연구배경 및 목적

UN의 추정에 따르면, 2013년까지 모국을 떠나 타국에서 생활하고 있는 이주민은 전 세계적으로 2억 3천 2백만 명으로 세계 인구의 약 3.2%를 차지한다.[1] 이주의 시대, 모국이 아닌 새로운 정착지를 찾아 나선 초국적 이주민 집단을 학문적으로 개념화한 것이 바로 디아스포라(diaspora)이다. 일국의 경계를 넘어 흩어진 민족이라는 뜻을 내포하고 있는 디아스포라는 민족이산과 인구의 초국가 이동 현상을 포괄하는 보편적 개념으로 확대되고 있는 추세이다.[2]

디아스포라는 탈영토적 경계(border)에 걸쳐있는 이주민 집단으로서 초국적 삶을 영위한다. 그들은 초국적 이주의 산물로, 이주를 통해 거주국에 유입되었을 경우 필연적으로 현지적응 과정을 겪게 된다. '적응(adaptation)'이라는 용어는 개인의 심리 욕구와 주변 사회환경이 일정한 과정을 통해 조화를 이룸으로써 좌절감이나 불안감이 사라진 안녕감을 느끼는 상태이다.[3] 디아스포라 집단은 현지 토착사회와 구별되는 여러 가지 특성을 지니고 있어, 거주국 사회에 유입된 후 문화변용의 과정을 경험하게 되며, 현지사회에 적응하기 위해 다양한 노력을 하게 된다. 디아스포라의 현지사회적응이라는 것은 디아스포라 개체 혹은 집단이 거주국 환경에 대하여 적합한 행동이나 태도를 취하는 것으로, 출신국 문화와 거주국 문화 간의 차이를 인식하면서 거주국의 정치, 경제, 사회, 문화에 적응해 나가는 것으로 이해할 수 있다. 더불어 디아스포라는 현지 거주국에서 뿌리를 내리는 과정에서 그들만의 공동체, 학교, 단체, 신문과 잡지, 문화시설 등 정

---

1 국제연합. http://www.un.org

2 김혜련 · 리단(2014), "갈등과 융합: 인도네시아 화인 디아스포라의 현지적응 연구", 『동북아문화연구』 제39집, p. 41.

3 고광신 · 김형태(2011), "국내거주 고려인의 심리 · 사회적응에 영향을 미치는 요인", 『교회사업사업』 제15호, p. 51; 김혜련 · 리단(2014), p. 45, 재인용.

착기제를 구축함으로써 현지사회에 적응해 나간다.[4]

디아스포라 집단에서 가장 대표적인 화교·화인[5]도 마찬가지이다. 중국은 세계에서 가장 큰 규모의 디아스포라를 보유하고 있다. 모국을 떠나 해외 180여 개국에 산재해 있는 화인 디아스포라는 유대인에 버금갈 정도로 강력한 자본과 네트워크를 보유하고 있다. 그들은 세계 각국에 산재해 있음에도 불구하고 그들만의 민족공동체를 형성하고 있을 뿐만 아니라, 국경을 초월하여 조직적 협력과 단결력을 과시하고 있다. 2010년 기준 해외 거주 화인 디아스포라는 총 4,543만 명이며, 그 중 73%는 동남아시아 지역에 정착하고 있다.[6] 그들은 오랜 현지적응 과정을 거쳐 서로 다른 방식으로 거주국사회에 정착하고 있으며, 그들만의 정착기제를 통해 민족공동체를 구축하고 있다.

디아스포라를 연구함에 있어서 학계에서는 흔히 그들의 역할에 초점을 두어, 모국과 거주국을 연계하는 네트워크 관점에서 접근하고 있다. 그러나 초국적 이주민으로서 그들의 현지적응 과정, 적응 실태, 대응방식, 정착기제 등 문제도 간과해서는 안 되는 과제이다.

이러한 맥락에서 이 책은 디아스포라의 현지적응과 정착기제에 주목하여 화인 디아스포라가 현지 거주국에서 어떻게 적응하고 있으며, 어떤 정착기제를 통해 거주국에서 공동체를 형성하고 있는가를 탐구하고자 한다.

4 김혜련 · 리단(2014), p. 45.

5 해외에 거주하는 중국계 이주민은 화교(华侨), 화인(华人), 화예(华裔) 등 다양한 명칭이 있다. '화교'는 해외에 거주하고 있지만, 여전히 중국 국적을 보유하고 있는 이주민을 가리키다. 다른 한편, '화인'은 중국 혈통을 가지고 있지만, 이미 귀화하여 현지 거주국 국적을 취득한 중국계 이주민을 가리킨다. 또한 '화예'는 거주국에 정착한 중국 이주민의 후예를 가리킨다. 이 책에서는 화교, 화인을 총괄하여 화인 디아스포라로 지칭한다.

6 동남아시아 다음으로는 미주 750만, 유럽 156만, 대양주 95만, 아프리카주가 25만 명을 기록한다. 중국화교사무판공실, http://qwgzyj.gqb.gov.cn/yjytt/155/1830.shtml(2016.10.12)

2. 연구대상 및 방법

1) 연구대상

이 책은 화인 디아스포라가 현지 거주국에서 어떻게 정착하고 있으며, 어떠한 정착기제를 통해 공동체를 구축하고 있는가를 연구하는 것이 가장 주요한 목적이다. 따라서 전 세계에서도 화인 디아스포라가 가장 많이 거주하고 있는 인도네시아와 말레이시아를 선정하여 그들이 거주국에서 어떤 방식과 기제를 통해 정착하고 있는가를 분석하였다.

인도네시아에는 약 1,000만 명이라는 화인이 소수민족 구성원으로 거주하고 있으며, 말레이시아에는 645만 명이라는 화인이 주류사회로 진출해 그들의 영향력을 발휘하고 있다.[7] 인도네시아와 말레이시아에 정착하고 있는 중국계 이주민은 대부분 귀화하여 거주국 국적을 취득함으로써 화교에서 화인으로의 신분전환을 완성하였다. 따라서 이 책에서는 인도네시아와 말레이시아의 중국계 이주민을 화인 디아스포라로 지칭한다.

지리적으로 인접한 인도네시아와 말레이시아의 화인사회는 여러 가지 공통점이 있다. 구체적으로 첫째, 화인의 유입시기가 비슷하다. 인도네시아와 말레이시아의 화인은 모두 당나라(唐朝)시기부터 유입되었으며, 특히 명나라(明朝)시기 정화(鄭和)의 해양 원정 이후 중국계 이주민이 대폭 확대되었다.[8]

둘째, 인도네시아와 말레이시아는 모두 이슬람국가이며, 식민지시기의 "분리 통치"로 인해 현지에 정착한 화인들은 거주 지역은 물론, 종사하는 업종마저도 원주민과 분리되었다. 특히 인도네시아는 전 세계에서 무

---

7 중국화교사무판공실. http://qwgzyj.gqb.gov.cn/yjytt/155/1830.shtml (검색일: 2016. 10.12)

8 김혜련 · 리단(2014). p. 42

슬림 인구규모가 가장 많은 국가이며, 전체 인구의 85%가 무슬림이다. 수하르토 정권 몰락이후, 이슬람 세력은 다시 인도네시아 정치무대에 등장하였다.

셋째, 식민지시기 중개인으로 경제적 부를 축적했던 화인들은 두 국가에서 모두 경제적 우위를 차지하였으며, 현지인과의 갈등으로 인해 종족충돌을 야기하였다. 인도네시아는 1965년과 1998년 화인을 대상으로 한 두 차례의 배화(排华)사건이 발생해 많은 화인이 희생되었으며, 말레이시아도 1969년에 화인을 겨냥한 유혈사태가 발생하였다. 말레이시아 화인사회는 이를 "5·13" 사건으로 지칭하고 있다.

인도네시아와 말레이시아 두 국가는 지리적·역사적·언어적·문화적으로 아주 밀접한 관계와 유사성을 지니고 있으며, 화인 디아스포라의 이주 배경과 역사, 초기 정착 과정에도 많은 공통점이 있다.[9] 그러나 오랜 현지적응 과정을 거쳐 인도네시아와 말레이시아의 화인사회는 서로 다른 양상을 나타내고 있다. 인도네시아에는 1,000만 명이라는 화인 디아스포라가 거주하고 있지만, 화인사회가 위축되어 '보이지 않는' 화인사회를 형성하고 있다. 대부분 젊은 세대 화인들은 중국어를 구사하지 못하고 전통명절에 무관심하며, 더불어 주류사회의 차별과 배제로 인해 이방인으로 살아가고 있다. 반면, 말레이시아 화인은 그들만의 공동체를 구성하여 민족정체성을 고양시키고 있으며, 민족언어와 전통문화를 잘 보존하여 진정한 사회구성원으로서 주류사회에 진출하고 있다.[10] 그들은 적극적으로 정치활동에 참여해 화인의 정치적 욕구를 반영하고 있으며, 말레이인과 인도인을 비롯한 기타 종족과의 문화 교류와 융합을 추진해 조화로운 종족관계를 조성하기 위해 노력하고 있다.

---

9 김혜련(2014), "인도네시아와 말레이시아 화인 디아스포라의 현지사회 정착과 화인정책 비교", 『평화학연구』 제15권 5호, p. 202.

10 김혜련(2014), pp. 202-203.

인도네시아와 말레이시아에 정착하고 있는 화인은 탈영토적 경계(border)에 걸쳐있는 이주민 집단이다. 그들의 상이한 현지 사회적응 양상은 정부의 이주민 사회통합정책, 화인 공동체 내부 요인, 국제환경 등 다양한 요인이 종합적으로 작용한 결과물이다. 특히 정부에서 추진하는 이주민 사회통합정책이 다름에 따라 그들의 현지사회 정착 실태, 원주민과의 종족관계, 주류사회로의 진출 정도가 결정된다.[11]

따라서 이 책에서는 인도네시아와 말레이시아 화인의 거주국 정착 실태를 세부적으로 검토하고, 그들의 현지 정착기제를 파악함과 동시에 서로 다른 적응 양상을 조성한 원인을 정부의 이주민 사회통합정책에서 찾아보고자 한다.

2) 연구방법

이 연구는 화인 디아스포라가 가장 많이 거주하고 있는 동남아시아에서도 거주국 원주민과 복잡한 종족관계를 형성하고 있는 인도네시아와 말레이시아를 선정하여 그들의 현지사회 정착 실태와 정착기제를 검토하였다. 심도 있는 연구를 진행하기 위해 문헌연구, 설문조사, 심층면접을 병행하는 연구방법, 즉 질적연구와 양적연구를 병행하여 화인 디아스포라의 현지적응과 정착기제를 분석하였다. 설문조사와 심층면접은 화인 밀집거주지역인 인도네시아 자카르타(Jakarta), 반둥(Bandung), 말레이시아 쿠알라룸푸르(Kuala Lumpur)에서 진행하였다.

(1) 문헌연구

문헌연구는 탐구하고자 하는 현상에 대한 정보가 있는 문서자료를 수

11 김혜련(2014), p. 203.

집하고 분석하는 연구방법이다. 이 연구에서는 인도네시아와 말레이시아 화인 디아스포라의 이주 역사, 현지적응 과정, 정착 실태와 관련된 도서, 논문, 사진 등을 수집·발굴하여 화인 디아스포라의 현지적응과 정착기제를 분석하는데 기초자료로 활용하였다.

(2) 설문조사

화인 디아스포라의 거주국 정착 실태와 정착기제를 심도 있게 파악하기 위해 인도네시아와 말레이시아에서 설문조사를 진행하였다. 인도네시아에서는 화인이 집중 거주하고 있는 반둥(Bandung), 말레이시아는 쿠알라룸푸르(Kuala Lumpur)를 조사지역으로 선정하여 설문조사를 진행하였다.

이 연구는 설문조사를 통해 두 국가 화인 디아스포라의 민족언어 구사능력, 전통문화 보존 실태, 민족정체성, 사회적응, 차별경험, 생활만족도, 정책만족도 등 내용을 조사하였다. 신뢰성 있는 조사 결과를 도출하기 위하여, 이 연구는 2014년 2월 8일부터 3월 25일까지 인도네시아와 말레이시아에 거주하고 있는 화인 디아스포라 400명(인도네시아 200명, 말레이시아 200명)을 대상으로 설문지를 배포였다. 그 중 인도네시아에서 171부, 말레이시아에서 148부, 총 319부의 설문지를 회수하였다. 회수된 설문지 중 인구사회학적 특성에 무응답 하였거나 불성실하게 기입된 설문지 56부를 제외한 263부만을 실제 분석에 활용하였다. 구체적으로 인도네시아 144부, 말레이시아 119부이다. 설문조사 대상자의 인구사회학적 특성은 〈표 1.1〉과 같다.

〈표 1.1〉에서 나타나듯이, 인도네시아 총 144명 응답자 중 남성은 69명(47.9%), 여성은 75명(52.1%)으로 나타났다. 직업을 보면, 전문직이 4명(2.8%), 공무원이 2명(1.4%), 사무직이 60명(41.7%), 서비스업이 42명(29.2%), 농업이 7명(4.9%), 생산직이 11명(7.6%), 가정주부가 12명(8.3%), 기타가 6명(4.2%)으로 나타났다. 연령대를 봤을 때, 인도네시아의 설문대상자는 10대

표 1.1 인도네시아 설문조사 대상자의 인구사회학적 특성

구분	내용	빈도	비율(%)	구분	내용	빈도	비율(%)
성별	남	69	47.9	혼인 상태	기혼	88	61.1
	여	75	52.1		미혼	55	38.2
직업	전문직	4	2.8		사별	1	0.7
	공무원	2	1.4	이민 세대	1세대	2	1.4
	사무직(회사원)	60	41.7		2세대	42	29.2
	서비스	42	29.2		3세대	73	50.7
	농업	7	4.9		4세대	27	18.8
	생산직	11	7.6	종교	이슬람	4	2.8
	가정주부	12	8.3		기독교	94	65.3
	기타	6	4.2		불교	46	31.9
연령	10대(10~19세)	20	13.9	학력	초등학교 졸업	8	5.6
	20대(20~29세)	20	13.9		중학교 졸업	12	8.3
	30대(30~39세)	21	14.6		고등학교 졸업	35	24.3
	40대(40~49세)	18	12.5		전문대 졸업	21	14.6
	50대(50~59세)	37	25.7		대학교 졸업	58	40.3
	60대(60~69세)	17	11.8		대학원 졸업	9	6.3
	70대(70~79세)	11	7.6		무학	1	0.7
합계	144(100%)						

가 20명(13.9%), 20대가 20명(13.9%), 30대가 21명(14.6%), 40대가 18명(12.5%), 50대가 37명(25.7%), 60대가 17명(11.8%), 70대가 11명(7.6%)이다. 결혼여부를 봤을 때, 기혼이 88명(61.1%), 미혼이 55명(38.2%), 사별이 1명(0.7%)이다. 이민세대의 경우, 1세대가 2명(1.4%), 2세대가 42명(29.2%), 3세대가 73명(50.7%), 4세대가 27명(18.8%)으로 나타났다. 종교로 봤을 때, 응답자 중 이슬람교가 4명(2.8%), 기독교가 94명(65.3%), 불교가 46명(31.9%)이다. 학력을 보면, 초등학교 졸업이 8명(5.6%), 중학교 졸업이 12명(8.3%), 고등학교 졸업이

35명(24.3%), 전문대 졸업이 21명(14.6%), 대학교 졸업이 58명(40.3%), 대학원 졸업이 9명(6.3%), 무학이 1명(0.7%)으로 나타났다.

말레이시아 설문조사 대상자의 인구사회학적 특성은 아래와 같다. 구체적으로 총 119명의 응답자 중 남성이 54명(45.4%), 여성이 65명(54.6%)으로 나타났다. 직업의 경우, 전문직이 13명(10.9%), 자영업이 41명(34.5%), 공

표 1.2 말레이시아 설문조사 대상자의 인구사회학적 특성

구분	내용	빈도	비율 (%)	구분	내용	빈도	비율 (%)
성별	남	54	45.4	혼인 상태	기혼	48	40.3
					미혼	70	58.8
	여	65	54.6		사별	1	0.8
직업	전문직	13	10.9	이민 세대	2세대	72	61.5
	자영업	41	34.5		3세대	29	24.8
	공무원	1	0.8		4세대	14	11.8
	사무직(회사원)	28	23.5		5세대	4	3.4
	서비스	17	14.3	종교	이슬람	3	2.5
	농업	5	4.2		기독교	48	40.7
	생산직	6	5.0		불교	50	42.4
	가정주부	6	5.0		도교	6	5.1
					민간신앙	5	4.2
	기타	2	1.7		기타	7	5.8
연령	10대(10~19세)	11	9.2	학력	초등학교 졸업	2	1.7
	20대(20~29세)	26	21.8		중학교 졸업	3	2.5
	30대(30~39세)	23	19.3		고등학교 졸업	37	31.1
	40대(40~49세)	25	21.0		전문대 졸업	17	16.0
	50대(50~59세)	16	13.4		대학교 졸업	47	39.5
	60대(60~69세)	12	10.1		대학원 졸업	4	3.4
	70대(70~79세)	6	5.0		무학	7	5.9
합계	119(100%)						

무원이 1명(0.8%), 사무직이 28명(23.5%), 서비스업이 17명(14.3%), 농업이 5명(4.2%), 생산직이 6명(5.0%), 가정주부가 6명(5.0%), 기타가 2명(1.7%)으로 나타났다. 연령대를 보면, 10대가 11명(9.2%), 20대가 26명(21.8%), 30대가 23명(19.3%), 40대가 25명(21.0%), 50대가 16명(13.4%), 60대가 12명(10.1%), 70대가 6명(5.0%)으로 나타났다. 결혼여부를 보면, 기혼이 48명(40.3%), 미혼이 70명(58.8%), 사별이 1명(0.8%)로 나타났다. 이민세대의 경우, 2세대가 72명(61.5%), 3세대가 29명(24.8%), 4세대가 14명(11.8%), 5세대가 4명(3.4%)으로 나타났다. 종교의 경우, 응답자 중 이슬람교 3명(2.5%), 기독교 48명(40.7%), 불교 50명(42.4%), 도교 6명(5.1%), 민간신앙 5명(4.2%), 기타 7명(5.8%)으로 나타났다. 마지막으로, 학력의 경우 응답자 중 초등학교 졸업이 2명(1.7%), 중학교 졸업 3명(2.5%), 고등학교 졸업 37명(31.1%), 전문대 졸업 17명(16.0%), 대학교 졸업 47명(39.5%), 대학원 졸업 4명(3.4%), 무학이 7명(5.9%)으로 나타났다.

(3) 심층면접

이 연구는 양적 수치로 잘 표현되지 않는 화인 디아스포라의 현지적응 실태와 적응 전략을 사회적 구조와 각 개인 삶의 맥락 모두에서 파악하기 위해 심층면접을 주요한 연구방법으로 선정하였다. 주로 인도네시아 자카르타에 거주하는 화인 11명을 대상으로 심층면접을 진행하였는데, 심층면접 대상자는 화상, 화인 전문가, 그리고 인도네시아 화인학교·화인단체·화인신문 등 다양한 분야의 관계자가 포함되어 현지 화인 디아스포라 사회를 이해하는데 대표성이 있다.

심층면접 대상자는 모두 인도네시아 자카르타에 거주하고 있는 화인이며, 구체적인 인구사회학적 특성은 아래 도표와 같다. 심층면접 대상자의 소속기관은 사무용품회사를 운영하는 화인회사 관계자, 대학교수, 화인작가, 화인객가박물관 관계자, 화인학교 관계자, 화인단체 관계자, 화인서점 관계자, 화인신문 관계자 등 다양한 업종에 종사하는 대상자를 선정

표 1.3 인도네시아 심층면접 대상자의 인구사회학적 특성

연번	참여자	성별	소속	이민세대	출신지역	나이
1	천○부(陈○福)	남	사무용품회사 운영	이민 3세대	중국 광둥성	20대
2	주○벙(祝○丰)	남	대학교수	이민 4세대	중국 하이난성	50대
3	루○쿤(卢○坤)	남	화인 작가	이민 3세대	중국 푸젠성	70대
4	저우○싱(周○兴)	남	화인객가박물관	이민 3세대	객가	60대
5	량○성(梁○升)	남	화인학교 중국어과 주임	이민 4세대	중국 푸젠성	60대
6	정○(郑○)	여	화인학교 중국어 교사	이민 1세대	중국 광둥성	20대
7	Di○	남	NABIL민족건설재단 담당자	이민 7세대	중국 광둥성	40대
8	리○머우(李○谋)	남	렌퉁(联通) 서점 담당자	이민 4세대	중국 푸젠성	40대
9	구○윈(古○云)	여	인도네시아객가연합회	이민 3세대	객가	60대
10	천○밍(陈○铭)	남	대학 강사	이민 4세대	중국 푸젠성	30대
11	리○펑(李○鹏)	남	화인신문 관계자	이민 3세대	객가	50대

하였다. 또한 이민세대의 경우, 이민 1세대로부터 2세대, 3세대, 4세대, 그리고 7세대까지 포함시켜, 다양 이민세대가 화인사회를 바라보는 시선을 고찰하였다. 출신지역의 경우, 중국 광둥성(广东省)·하이난성(海南省)·푸젠성(福建省)·객가(客家) 등 다양한 출신지역의 화인을 선정하여 그들의 공동체 구축 현황 및 서로 다른 정착기제를 탐구하였다. 심층면접 대상자의 연령의 경우, 20대에서 30대, 40대, 50대, 60대, 70대 등 다양한 연령층의 화인을 대상자로 선정하여 서로 다른 연령층의 현지적응 실태, 민족정체성 등을 분석하였다.

심층면접은 2014년 2월 8일부터 14일까지 진행되었으며, 각 면접은 1시간에서 2시간 정도 진행되었다. 연구자는 심층면접 참여자에게 연구 목

적을 충분히 설명한 후 반구조화된 질문지를 기초로 자유롭게 대화를 나누었다. 구체적으로 인도네시아 화인 디아스포라의 현황과 사회생활, 현지적응 실태, 적응 과정, 차별경험, 현지인과의 갈등 등에 초점을 맞추어 인터뷰를 진행하였다. 면접과정에서 연구자는 인터뷰 내용뿐만 아니라, 면접 대상자들의 반응과 표정, 인터뷰가 끝나고 면접에서 느끼고 생각했던 내용을 메모하여 자료로 활용하였다.

3) 연구의 구성

이 책은 총 여섯 개의 장으로 구성되었다.

제1장은 이 책의 연구 배경과 목적, 연구대상 및 연구방법을 상세히 기술하였다.

제2장은 화인 디아스포라의 현지적응과 정착기제를 연구하기에 앞서 기존의 선행연구를 검토하였으며, 아울러 디아스포라의 현지적응과 정착기제, 이주민 사회통합정책과 관련된 이론적 내용을 간략히 파악하였다.

제3장은 인도네시아에서 진행한 현지조사를 중심으로 화인 디아스포라의 현지적응 실태, 그들의 정착기제, 인도네시아 화인사회의 특징을 세부적으로 분석하였다. 구체적으로 현지적응 실태는 화인 디아스포라의 언어, 문화, 정체성, 사회적응, 차별경험, 생활만족도, 정책만족도로 구분하여 세부적으로 분석하였으며, 정착기제는 인도네시아의 화인학교, 화인단체, 화인신문을 중심으로 파악하였다. 또한 인도네시아 화인사회의 특징은 심층면접을 중심으로 그들의 '보이지 않는' 화인사회와 이방인으로 살아가는 현황을 기술하였다.

제4장은 말레이시아 화인 디아스포라의 현지적응 실태와 정착기제이다. 인도네시아 화인 디아스포라와 마찬가지로 언어, 문화, 정체성, 사회적응, 차별경험, 생활만족도, 정책만족도로 구분하여 말레이시아 화인 디

아스포라의 현지적응 실태를 분석하였다. 또한 화인학교, 화인단체, 화인 신문사를 중심으로 말레이시아 화인 디아스포라의 정착기제를 살펴보았다. 마지막으로 화인의 정치참여, 경제활동, 사회문화를 분석함으로써 말레이시아 화인사회의 특징을 검토하였다.

제5장은 인도네시아와 말레이시아 화인 디아스포라의 비교 연구이다. 우선, 인도네시아와 말레이시아 화인 디아스포라의 언어, 전통문화, 민족정체성, 차별경험을 비교함으로써 두 국가 화인 디아스포라의 현지적응 실태를 비교 분석하였다. 다음, 국적제도·정치참여·경제정책·사회문화 정책 차원에서 인도네시아와 말레이시아의 이주민 사회통합정책을 분석함으로써 두 국가 화인 디아스포라가 서로 다른 현지적응 양상을 나타내는 원인을 파악하였다.

제6장은 인도네시아와 말레이시아 화인 디아스포라의 현지적응 실태, 정착기제에 대한 연구결과를 요약하고, 이 책의 한계와 향후 연구과제에 대하여 간략히 서술하였다.

제2장 이론적 배경

화인 디아스포라의 현지적응 실태와 적응 전략을 탐구하기 위해서는 디아스포라 사회적응에 관한 이론적 논의가 선행되어야 한다. 따라서 이 부분에서는 디아스포라의 현대적 의미와 성격, 현지적응에 관한 이론을 검토함으로써 인도네시아와 말레이시아 화인 디아스포라가 거주국에서 어떤 대응방식으로 정착하였는가를 파악하는데 이론적 토대를 마련하고자 한다.

1. 선행연구 검토[1]

화인 디아스포라는 전 세계 180여 개국에 산재해 있으며, 이중 73%는 동남아시아에 거주하고 있다. 중국의 신속한 경제발전과 동남아지역에서의 화인 성공 사례는 전 세계가 화인 디아스포라를 주목하도록 하였다. 1990년대 이후 국내외 학자들은 정치 · 경제 · 사회 · 문화 등 다양한 분야에서 화인에 대한 연구를 활발히 진행해왔다. 이러한 연구는 대부분 화인들의 이주 역사와 루트, 거주국 및 모국 경제발전에서의 역할, 글로벌 화상 네트워크 등에 집중되었다.

한국의 화교·화인 연구는 아직 구체적인 연구 체계를 이루지 못하고 있다. 주로 화교·화인의 이주 역사, 정체성, 네트워크와 역할 문제에 초점을 두고 있으며, 연구대상도 대부분 한국 거주 화교[2]에 집중되었을 뿐, 화인이 가장 많이 분포된 동남아지역 화인 디아스포라에 대해서는 심도 있는 논의가 이루어지지 않고 있다. 화교·화인 관련 한국 학계의 기존 연구는 구체적으로 아래와 같은 몇 개 부분으로 나눌 수 있다.

첫 번째는 화교·화인 이주 역사에 관한 연구이다(최승현, 2003; 최승현, 2011;

1 김혜련 · 리단(2014), pp. 43-45.

2 한국에 거주하고 있는 중국계 이주민은 '중화민국(대만)' 여권을 소지하고 있으므로 여기서는 화교로 지칭한다.

박준형, 2013). 이러한 연구는 역사적인 시각으로 한국 화교의 이주 배경, 화교의 특징, 한국사회의 화교 배척 문제를 다루어 화교 연구의 기반을 마련하였다. 또한 '잡거'라는 개념을 도입하여 한국화교를 이웃으로 보고 그들의 이주 역사와 차별 경험을 분석한 연구도 진행되었다.

두 번째는 초국가관점에서 본 화교·화인의 역할에 대한 연구이다(박기철, 2001; 전형권, 2005; 임채완 · 박동훈, 2006; 남수중·박순찬, 2012). 이러한 연구는 화교·화인의 네트워크와 역할론에 초점을 두어 활용차원에서 화교·화인을 접근하였다. 더불어 화교·화인 네트워크 성공 사례를 분석함으로써 한상 네트워크에 주는 시사점을 도출하는 것이 연구목적이다.

세 번째는 화교·화인의 현지 정착 및 적응에 관련된 연구로, 거의 모두가 한국 화교에 집중되었다(장수현, 2001; 이종우, 2007; 전형권·김혜련 2012; 이창호, 2012). 한국 화교의 현지적응과 관련된 연구는 주로 그들의 생활실태, 정체성 및 정부의 차별정책에 큰 비중을 두어 현재 한국 화교 사회는 제도적, 사회적 편견으로 인해 여타 지역 화교들에 비해 많이 위축된 상태라고 지적한다.

네 번째는 인도네시아 화인에 대한 연구이다(윤인진·이유선, 2002; 박경태, 2009; 홍재현, 2011). 이러한 연구는 반화인폭동을 주목하여 인도네시아 정부의 차별적인 민족정책을 분석하고 비판하였다. 따라서 인도네시아 화인 디아스포라 현황, 적응 과정, 적응 실태 등 문제에 대한 실증적인 연구가 이루어지지 않은 실정이다.

다섯 번째는 말레이시아 화인에 대한 연구이다. 말레이시아 화인에 대한 한국학계의 접근은 화상자본, 화인네트워크, 종족폭동에 그치고 있다(홍재현, 2008). 이러한 연구는 화인의 말레이시아 유입 역사, 현지 사회적응 과정, 화상자본 축적에 초점을 두어 말레이시아 화인사회의 특성을 검토하였으며, 더불어 말레이시아 종족폭동에 주목하여 화인과 현지 원주민과의 종족갈등을 분석하였다. 따라서 현재 한국학계에서 진행되고 있는 말레이시아 화인 연구는 초보적이고 개략적인 것으로 나타났다.

한국 학계와 달리 인도네시아와 말레이시아 화인에 대한 중국학계의 관심은 매우 뜨겁다. 인도네시아, 말레이시아의 화인정책으로부터 화인의 정치참여 활동, 경제적 성과와 화상 네트워크, 거주국에서의 민족공동체의 형성, 화문(華文)교육과 민족문화 계승, 화인의 사회적 지위와 토착민과의 종족관계 등 화인 관련 다양한 주제가 체계적으로 이루어지고 있다(骆莉, 2002; 何西湖, 2004; 许梅, 2004; 廖小建, 2008; 郑一省·叶英, 2011; 王焕芝·洪明, 2011; 陈俊林, 2012).[3] 그러나 인도네시아 및 말레이시아 화인을 대상으로 삼은 대부분 연구는 화상 자본이나 네트워크에 치중되어 있을 뿐, 그들의 현지적응 실태와 정착기제에 대한 연구가 활발하게 이루어지지 않고 있다.

위에서 살펴본 바와 같이, 한국 학계의 화교·화인 연구는 그들의 이주배경이나 과정을 주목하는 등 역사적 시각으로 고찰하거나, 글로벌시대 화교·화인의 네트워크를 활용하고자 하는 역할론 차원에서 접근하였다. 더불어 몇몇 안 되는 화교·화인 현지적응과 관련된 연구도 한국 국내에만 한정되었다. 따라서 화교·화인 연구의 폭을 넓히고 그들의 적응 과정과 전략을 심도 있게 논의하기 위해서는 동남아시아 지역의 화인 디아스포라 현지적응 및 정착기제 연구가 시급한 상황이다.

2. 디아스포라의 현지적응에 관한 이론적 검토

1) 디아스포라의 현지적응과 이중적 입장[4]

분산된 민족을 의미하는 디아스포라는 탈영토적 경계(border)에 걸쳐있

---

3 김혜련(2015), "말레이시아 화인 디아스포라의 모국관계 연구", 『민족연구』 제61호, p. 84.

4 김혜련 · 리단(2014), pp. 45-46.

는 이주민 집단으로서 초국적 삶을 영위한다. 이로 인해 디아스포라를 연구함에 있어서 학계에서는 흔히 그들의 역할에 초점을 두어, 모국과 거주국을 연계하는 네트워크 관점에서 접근하고 있다. 그러나 초국적 이주민으로서 그들이 어떻게 현지에 적응해갔는지 그 현지화 과정 및 대응방식도 간과해서는 안 되는 과제이다.

'적응(adaptation)'이라는 용어는 생물학에서 유래되었으며, 학문분야에서는 사회학, 인류학, 심리학 등 다양한 분야에서 폭넓게 적용되고 있다. 적응이라는 것은 개인의 심리 욕구와 주변 사회환경이 일정한 과정을 통해 조화를 이룸으로써 좌절감이나 불안감이 사라진 안녕감을 느끼는 상태를 지칭한다.[5] 적응은 크게 두 과정으로 분류된다. 하나는 주어진 거주국 환경에 융합되기 위해 자신을 맞추는 과정이고, 다른 하나는 자신의 욕구를 충족하기 위해 거주국 환경을 변화시키는 것이다.[6] 이와 같이 디아스포라의 현지 사회적응은 이주민으로서의 디아스포라 집단뿐만 아니라, 주류사회의 문화적 특성에도 영향을 미친다.

디아스포라(diaspora)는 고대 유대인과 그리스 역사에서 유래된 개념으로, 민족분산 혹은 민족이산으로 이해된다. 최근 디아스포라 연구가 활발해짐에 따라 디아스포라는 단순히 유대인의 경험 뿐 아니라, 점차 그 의미가 확대되어 다른 민족의 이주, 문화적 격차, 민족 공동체, 정체성 정치 등을 설명하기 위한 용어로 사용되며, 특히 국경을 넘어 거주하는 사람들의 초국적 이동에 초점을 맞추고 있다.[7]

디아스포라는 초국적 이주의 산물로, 이주를 통해 거주국에 유입되었을 경우 필연적으로 적응 과정을 겪게 된다. 디아스포라 집단은 현지토착

---

5 고광신 · 김형태(2011), "국내거주 고려인의 심리 · 사회적응에 영향을 미치는 요인", 『교회사업사업』 제15호, p. 51.

6 홍봉선 외(2012), 『결혼이주여성 지역사회적응 척도개발을 위한 설문조사』, 부산: 부산복지개발원, p. 22.

7 임채완 · 전형권(2006), 『재외한인과 글로벌 네트워크』, 서울: 한울아카데미, pp. 25-27.

사회와 구별되는 여러 가지 특성을 지니고 있기 때문에 거주국 사회에 유입된 후 문화변용의 과정을 거치게 되며, 또한 현지사회에 적응하기 위해 다양한 노력을 하게 된다. 따라서 디아스포라의 현지 사회적응이라는 것은 디아스포라 개체 혹은 집단이 거주국 환경에 대하여 적합한 행동이나 태도를 취하는 것으로, 출신국 문화와 거주국 문화 간의 차이를 인식하면서 거주국의 정치, 경제, 사회, 문화에 적응해 나가는 것으로 이해할 수 있다.

일반적으로 디아스포라는 자신들이 정착한 거주국과 새로운 관계를 형성하지만, 그들이 태어난 모국과의 연결을 지속함으로써 두 국가 모두를 포함하는 초국적 사회에서 생활하게 된다. 이러한 탈 경계적인 공간에서 부딪치는 초국적 경험을 통해 그들은 현지 거주국에서의 적응과 모국과의 연계성을 동시에 고려하며 살고 있다.[8] 다시 말해, 디아스포라는 거주국과 모국 사이에 '끼어있는' 존재로서 이중적 성격을 가지게 된다. 디아스포라의 이러한 이중적 성격은 그들의 현지적응 과정에서 이중적 입장으로 표출된다. 즉, 거주국에 정착한 디아스포라는 현지사회에 하루 빨리 적응하기 위해 현지인이라는 위치를 지니는 동시에 모국의 민족적 전통과 문화를 유지하는 모국적 위치를 지니는 이중적 입장을 보이게 된다. 디아스포라의 이러한 이중적 입장은 디아스포라 적응 전략이라 할 수 있다.

2) 디아스포라와 이주민 사회통합정책[9]

디아스포라는 모국을 떠나 거주국에서 새로운 삶의 터전을 마련한 초국가적 이주민 집단으로서 그들이 현지사회에서의 정착, 사회적 지위, 원

---

8 전형권(2006), "우즈베키스탄의 민족정책과 고려인 디아스포라 정체성-고려인 설문조사 분석을 중심으로", 『슬라브학보』 제21권 제2호, p. 356.

9 김혜련(2014), pp. 206-207.

주민과의 관계 등은 현지 거주국의 이주민 사회통합정책과 밀접한 연관이 있다. 이주민 사회통합은 국제이주가 확대되어 국경을 초월하는 사례가 폭증함에 따라 부상된 개념으로, 이주민들이 거주국에 정착하면서 사회부적응으로 인해 초래한 갈등을 최소화하는 것을 의미한다.[10] 국제이주가 폭증하고 주류사회 구성원과 이주민과의 사회적 갈등이 격화되어 위협으로 다가오자 이러한 사회문제를 해결하기 위해 다양한 정책 모형이 등장하기 시작하였다.

이주민 사회통합정책 모형은 각 국의 이주민 접근방식에 따라 주로 차별 배제모형, 동화주의 모형, 다문화주의 모형으로 나눌 수 있다. 차별 배제모형은 인종적 소수자의 제거 및 최소화를 정책목표로 설정하여 이주민을 특정영역에만 받아들이며, 이주민을 이방인 혹은 위협적 존재로 인식한다. 따라서 까다로운 귀화 정책을 실행하여 이주민의 정주 가능성을 차단하며, 내국인과의 차별적 대우를 통해 원치 않는 이주민을 주류사회로부터 배제시킨다.[11]

동화주의 모형은 이주민이 일방적인 적응과정을 통해 주류사회에 편입되는 것을 의미한다. 따라서 유입국사회는 이주민의 주류사회 동화를 정책목표로 설정하여 그들이 고유의 언어적, 문화적 또는 사회적 특성을 포기하여 다수 사람과 구별되지 않는 주류사회 구성원으로 편입될 것을 강요한다. 이주민은 유입국 사회의 제도적 규범, 사회 및 문화적 가치 등을 습득하는 동시에 고유의 정체성을 상실하게 된다.[12]

다문화주의 모형은 유입국사회가 이주민의 다양성과 차이를 인정하는 정책모형이며, 상호존중과 관용이라는 시각에서 이주민을 접근한다. 따

---

10 최현실(2009), "다문화가정 증가에 따른 한국 사회통합 정책 연구: 중국과 싱가포르의 상호성 원리의 한국 사회에 적용가능성", 『한국민족문학』 35호, p. 8.

11 박진경(2008), "한국 다문화정책의 특성과 발전방향", 한국정책학회 하계대회 및 국제학술회의, pp. 262-266.

12 스티븐 카슬 · 마크 J. 밀러(2013), 『이주의 시대』(서울: 일조각(주)), p. 418.

라서 다문화주의 모형은 이주민들이 기본적인 가치에 순응하면서 모국의 문화, 종교, 언어, 정체성 등을 포기하지 않은 채 주류사회의 모든 영역에 차별 없이 동등하게 참여할 수 있다는 것을 의미한다.[13]

현재 세계 여러 국가는 주로 이 세 가지 모형을 중심으로 이주민을 통합시키고 있다. 서로 다른 이주민 사회통합정책은 각기 다른 이주민 정착 실태를 양산한다. 정부가 이주민을 접근하는 방식에 따라 그들의 민족언어 구사능력, 전통문화 계승정도, 민족정체성 유지 상태, 사회적 지위, 주류사회 구성원과의 관계가 다르게 나타난다. 이로 인해 이주민의 현지사회 정착 문제를 탐구함에 있어서 거주국의 사회통합정책은 간과해서는 안 되는 핵심요인이다.

13 스티븐 카슬 · 마크 J. 밀러(2013), pp. 419-420.

제3장
인도네시아 화인 디아스포라의 현지적응과 정착기제

인도네시아는 190만㎢의 국토와 17,508개의 도서를 보유하고 있다.[1] 또한 중국, 인도, 미국에 이어 2억 5,800만명의 인구를 가지고 있는 세계 4위의 인구대국이다. 인도네시아는 제2차 세계대전 전 네덜란드령(领) 동인도(东印度)였으며, 1945년 8월 17일에 독립을 선언하였다. 1949년 네덜란드와의 협의로 네덜란드·인도네시아 연합이 성립되었으며, 1956년에 이르러서야 완전한 독립국이 되었다.

인도네시아는 세계적으로 알려진 다종족국가 가운데 하나인데, 300여 개 종족과 600여 개의 지역 언어가 존재하며, 각 종족은 독자적인 문화와 관습, 전통을 유지해왔다. 안승국(2013)에 의하면 그들은 제각기 고유의 문화적 바탕을 토대로 서로 다른 언어, 종교 그리고 생활양식을 가지고 인도네시아 전역 17,508여 개의 섬에 분산 거주하고 있다. 수마트라 북단에 자리 잡은 아쩨족(Aceh)은 원리주의 이슬람을 바탕으로 배타성이 강하며, 네덜란드와 일본 등 외부의 식민지배세력에게 강력하게 저항했던 종족이다. 북부 수마트라 고산지대를 근거지로 하고 있는 바딱(Batak)족은 인도네시아에서 가장 용감한 종족으로 평가되고 있다. 또한 수마트라 서남부에서 활동하고 있는 미낭까바우(Minangkabau)족은 빠당음식(Masakan Padang)으로 전국적으로 유명하다. 말라카 해협 쪽으로 자바해까지 넓게 분포되어 있는 말레이(Malay)족들은 뛰어난 환경적응력을 기반으로 말라카의 해상무역을 주도해왔다. 중동부 자바에 널리 분포된 자바(Jawa)족은 인도네시아 최대 종족으로 전체인구의 40%를 차지하고 있다. 그들은 인도네시아 정치·경제·사회·문화 등 각 분야에서 우월한 지위를 확보하고 있으며, 압도적인 영향력을 행사하고 있다. 서부 자바에서 수마트라 남단에 이르는 지역에 분포되어 있는 순다(Sunda)족은 인도네시아 제2의 종족으로 전체 인구의 15%를 차지하고 있다. 서부 자바의 마두라(Madura)족은 인도네시아 제

1 안승국(2013), "인도네시아에 있어서 정부정책과 종족갈등관리", 『비교민주주의연구』 제9집 제2호, p. 80.

3의 종족으로 전체 인구의 5%를 차지한다.[2] 보다시피 인도네시아는 다종족국가로 서로 다른 풍습과 문화로 인해 문화적, 지역적, 종교적인 균열 상황에 놓여있다.

인도네시아는 다종족·다종교 국가로 중국계, 인도계, 아랍계, 유럽계 및 원주민 종족들이 함께 공존하고 있다.[3] 1,000만 명에 이르는 화인 디아스포라는 인도네시아 전체 인구의 약 2.5%를 차지하며, 인도네시아 300여 개 종족 중의 하나이다. 식민지시기 중개상인의 역할을 통해 엄청난 자본을 축적한 화인 디아스포라는 독립이후 정부의 강압적인 동화정책으로 인해 정치적으로 철저하게 주류사회로부터 배제되었다. 따라서 인도네시아의 화인 디아스포라는 현지에서 경제적 우위를 차지하고 있지만, 정치 혹은 사회·문화적으로는 타자화 되었다.[4]

1. 화인의 인도네시아 이주 역사

1) 화인 이주사

화인의 인도네시아 이주는 한나라(汉代)까지 거슬러 올라갈 수 있다. 역사기록에 의하면, 한무제(汉武帝)시대 중국 선박이 인도와 무역을 하였으며, 그 이후에도 왕래가 지속되었다. 또한 진나라(晋代) 법선(法显)이 인도 유학 중 태풍을 만나 자바에 체류하게 되었을 당시 자바에 중국인이 거주하고 있었다는 기록이 전해졌다.[5] 『후한서·남만서남이전(后汉书·南蛮西南夷传)』

2 안승국(2013), pp. 80-81.

3 안승국(2013), p. 83.

4 김혜련 · 리단(2014), pp. 46-47.

5 서진영 외(1998), "화교경제권과 아세안국가들", 『평화연구』, p. 111; 홍재현(2011), "인도네시아 화교사회 형성과 반화교폭동에 대한 연구", 『중국인문과학』 47호, p. 403 재인용.

에는 인도네시아가 사신을 파견해 중국을 방문한 기록이 있다.[6] 인도네시아와 중국은 이 시기부터 이미 서로 사신을 파견해 왕래하였으며, 민간차원에서의 교류도 이루어졌다. 다시 말해 2,000년 전부터 중국계 이주민은 이미 인도네시아로 이주하기 시작하였으며, 주로 무역을 목적으로 인도네시아를 방문하였다가 점차 현지에 정착하기 시작한 것이다.

중국인의 동남아 이주는 당나라(唐朝)시기부터 빈번하게 나타났다. 중국인의 인도네시아 이주는 당나라 말기인 9세기말부터 시작되었다는 기록이 있다. 당나라 후반기부터 대식국(大食国)과 페르시아 회교도 상인들이 해로를 통하여 동서무역을 발전시켜 중국의 상인들로 하여금 해외통상에 관심을 갖게 하고, 동남아 및 인도방면의 상업 활동에 참여하게 하였다.[7] 당말 황소(黄巢)의 난(875-885) 시기 광저우 상인이 난을 피해 스리비자야(Srivijaya Empire, 室利佛逝)[8]로 건너갔고, 10세기에 이르러 아라비아 상인이 남해군도를 유람하여『황금목지(黄金牧地)』라는 책을 썼다는 역사기록이 남겨져있다. 기록에 따르면, 화인들이 황소의 난을 피하여 스마트라 군도에서 농사를 지었는데 특히 삼불제지구에 많았다고 한다.[9] 당나라는 중국 역사상 가장 번성한 시기로, 대외 무역 및 해외통상이 발달하였다. 당나라는 주변국가와 빈번하게 교류하고 소통하였으며, 사신을 파견하거나 승려를 인도네시아로 보내 문화교류를 이어갔다. 당나라의 유명한 승려 의정(义净)은 스리비자야에서 12~13년 동안 거주하면서『남해기귀내법전(南海寄归内法传)』을 작성하였다. 당나라 시기 화인의 인도네시아 이주 규모는 많지 않았지만, 강대국으로서의 당나라는 주변국에 거대한 영향력을 행사하였다. 따라서 인도네시아를 비롯해 동남아시아로 이주한 화인은 스스로 자

6 薛秀霞(2001), "印尼华侨移民的历史考察",『宁波大学学报(认为科学版)』第14卷第3期, p. 76.

7 홍재현(2011), p. 403.

8 오늘날의 인도네시아 수마트라(Sumatra) 동남부 팔렘방(Palembang) 일대를 가리킨다.

9 홍재현(2011), p. 403.

신을 "당인(唐人)"으로 지칭하였으며, 모국을 "당산(唐山)", 해외에서 형성한 민족집거지를 "당인가(唐人街)"로 불렀다.[10]

화인이 인도네시아로 대규모 이주하여 집거지를 형성하기 시작한 것은 송나라(宋朝)부터이다. 송나라시대 중국의 대외관계에는 큰 변화가 나타났다. 북송시기 중국의 서북지역은 소수민족정권에 의해 지배되었으며, 전쟁이 수년간 지속되었다. 전쟁으로 인해 육로 무역이 이어지지 않자 해상 무역을 개척하기 시작하였다. 송나라시기 중국의 항해기술이 발달함에 따라 "해상 실크로드"가 형성되기 시작하였다. 특히 남송(南宋)시기에 이르러 중국의 정치·경제 중심은 점차 남쪽으로 이전되어 남방(南方)지역의 경제가 점차 북방지역을 초월하기 시작하였다. 남송 지배자는 해상무역을 통해 세금을 확대하였으며, 인도네시아를 비롯한 동남아시아 각국과의 왕래를 강화하였다. 해상무역의 발전은 중국계 이주민이 인도네시아로 이주하는데 전제 조전을 마련하였다. 송나라 『주번지(诸番志)』의 기록에 의하면, 중국의 무역선이 해마다 동남아시아 각 국으로 가서 무역에 종사하였다고 한다. 당시 해외무역에 종사하는 중국 상인을 "강수(纲首)"라고 불렀는데, 해외 통상활동을 "강수무역(纲首贸易)"이라고 하였다. 해상 무역활동이 활발해지자 중국 동남아 연해지역인 푸젠(福建) 개발이 크게 진전되어 취엔저우(泉州)항이 해외 무역의 중심지로 부상하였다. 동남아지역으로 진출한 중국계 상인은 푸젠지역 장저우(漳州), 취엔저우 상인들이 가장 많았다.[11] 송나라시기 항해는 계절풍을 이용하여 항행하는 것이 대부분이다. 따라서 해외로 나가는 화인들은 바람을 기다리거나 무역을 위해 목적지에서 월동을 하고 해가 지난 다음 다시 중국으로 돌아오기도 하였다. 이러한 패턴을 중국에서는 '주동(住冬)', '유동(流冬)', '압동(押冬)'이라고 하거나 '주번(住番)'이고 지칭하였다. 강수무역과 주동이라는 관습은 바로 송나라

10 薛秀霞(2001), p. 77.
11 홍재현(2011), p. 403.

이후 중국 상인들이 동남아지역으로 이주하여 정착하게 된 원인이 되었다.[12] 이에 따라 송나라 말기 화인들이 인도네시아로 이주하는 첫 번째 이주 붐이 일어났다. 당나라시기 인도네시아로 건너간 중국인이 대부분 승려이라면 송나라에 이르러 인도네시아로 이주한 사람은 대부분 상인이다.

원나라에 이르러 중국의 해상무역은 더욱 발전하였다. 원나라 정부는 세금 징수를 확대하기 위해 해상무역활동을 장려하였는데, 이로 인해 중국 상인의 인도네시아 이주는 더욱 활발하게 이루어졌다.

주원장(朱元璋)이 중국을 통일해 명나라를 설립한 이듬해에 그는 자바에 사신을 파견해 무역활동을 강화하였다. 특히 명나라 영락제(永乐帝)에 이르러서는 인도양의 무역통로를 개척해 교역을 재개하고 남쪽 먼 바다까지 명나라의 명성을 과시하였다. 정화(郑和)의 7차례에 걸친 해양 원정은 해상실크로드를 개척하였을 뿐만 아니라, 화인의 인도네시아 이주에도 큰 영향력을 미쳤다. 정화는 1405년부터 1433년까지 총 7차례에 걸쳐 해양 원정을 떠났는데, 원정대의 함선 중 가장 큰 것은 길이가 150미터, 폭이 62미터에 달하였으며, 2500t의 화물을 실을 수 있었다.[13] 1405년 7월 11일, 정화는 62척의 함대와 28,000여 명의 병사를 거느리고 첫 해양 원정을 떠났다. 정화의 선단은 베트남, 태국, 말레이시아, 인도네시아를 방문하고, 인도양을 건너 인도, 스리랑카를 방문한 후, 페르시아 만, 아라비아 반도, 아프리카 동부 해안 등을 차례로 방문하였다. 세계 항해사상 유래가 없는 역사를 창조한 정화는 28년 간 14개 국가에 그 흔적을 남겼다.[14]

정화의 해양 원정은 명나라의 해금정책으로 종결되었다. 그러나 동남아의 화인사회는 정화의 원정으로부터 문화적 자긍심을 부여받았다. 정화의 해양 원정으로 인해 동남아시아 곳곳에 화인 공동체가 형성되었다.

---

12 진형화, "동남아화교사의 추세", 『동양학 6』 76 · 5, 단국대학교부설동양학연구소, p. 233; 홍재현(2011), p. 404 재인용.

13 홍재현(2011), p. 404.

14 최승현(2007). 『화교의 역사 생존의 역』. 화약고, p. 34.

사진 3.1 인도네시아 화인문화공원

지금도 인도양 각국에는 정화의 초상을 모신 도교풍의 사원을 볼 수 있다.[15] 인도네시아 자카르타에 위치한 인도네시아 화인문화공원(印尼华人文化公园)에도 정화를 기념하는 정화기념관(郑和纪念馆)이 설립되어 있다.

한나라부터 명나라에 이르기까지 화인의 인도네시아 이주는 자발적 이주가 대부분을 차지하였다. 인도네시아로 이주한 요인은 세 가지로 구분할 수 있다. 첫 번째는 경제적 요인, 즉 무역에 종사하는 상인들이 인도네시아로 건너가 현지에 정착한 사례이다. 두 번째는 자연재해나 병역을 피하기 위해 인도네시아로 이주한 사례이고, 세 번째는 종교와 문화적 교류로 인해 인도네시아에 정착한 사례이다.

1596년 네덜란드 함선이 처음으로 자바를 방문하였을 때 지휘자 하우트만은 현지에 있는 중국인 부락을 아래와 같이 기술하였다. "자바에 있는 중국인은 대부분 무역상인으로 쌀과 후추가루를 경작하는 것으로 생계를 유지하고 있다." 이는 네덜란드 식민정부가 들어서기 오래 전부터 인도네시

15 홍재현(2011), p. 404.

시아에는 이미 화인이 이주하여 정착하고 있음을 설명한다.[16]

사진 3.2 인도네시아 자카르타 정화기념관(郑和纪念馆)

사진 3.3 인도네시아 자카르타 정화기념관 내부 사진

---

16 홍재현(2011), p. 405.

2) 화인사회의 형성

16세기부터 19세기까지 네덜란드가 바타비아[17]를 중심으로 인도네시아에 대한 식민지배를 실행하기 시작하였다. 그들은 인도네시아를 개발하는 과정에서 대규모의 노동력을 충원하기 위해 화인을 유입시켰다. 이 시기 인도네시아로 유입된 대부분의 화인은 협박이나 사기를 당해 이주하였으며, 일부분이 해외무역을 위해 자발적으로 이주하였다. 이때부터 화인이 인도네시아로 이주하는 두 번째 이주의 붐이 시작되었다.

1595년 네덜란드 선박이 처음으로 자바에 상륙하였고, 1602년 네덜란드 상인이 인도네시아에서 동인도회사를 설립하였다. 1619년에 이르러 네덜란드는 인도네시아에 대한 식민지배체제를 확립하였다. 신흥강국 네덜란드는 인도네시아를 점령하고 이를 정비 확대하여 동양무역의 중심 근거지로 발전시켰다. 네덜란드 식민지배자들은 대규모의 화인을 인도네시아로 유입시켰으며, 화인 상인에게는 세금을 부과하지 않는 대가로 동향인을 불러들이는 것을 장려했다. 이로 인해 1619년 바타비야 총독부에 정착한 300~400명에 불과하던 화인이 10년 후에는 2,000명을 초과하였다.[18] 네덜란드는 화인 규모를 확대하기 위해 중국인을 납치, 유인하기도 하였다.[19] 동인도회사는 중국 동남 연해지역에서 중국인을 납치하거나 유인해 인도네시아로 매매하였다. 이 시기 인도네시아로 유입된 화인은 노예로 전락되어 가장 힘든 일을 하면서 생계를 이어갔다. 바타비아는 화인 노예를 매매하는 시장으로 변모하였는데, 1684년에 이르러 바타비아에는 이미 8만 명에 이르는 화인이 거주하고 있었다.[20] 화인들은 그들만의 집거

---

17 지금의 인도네시아 자카르타(Jakarta)를 가리킨다.

18 이덕훈(2005), "인도네시아 화교경제의 발전에 대한 고찰", 『화교경제의 생성과 발전』, 한남대학교, p. 13; 홍재현(2011), p. 405 재인용.

19 신윤환(2000), "인도네시아의 화인", 『동남아의 화인사회』, 형설, p. 426; 홍재현(2011), p. 405 재인용.

20 薛秀霞(2001), p. 77.

지를 형성해 화인사회를 형성하기 시작하였다.

1644년 명나라가 멸망하고 청나라가 설립되었다. 이 시기 청나라를 반대했던 중국인들이 동남아 지역으로 유입되기 시작하였다. 중국 남방 지역에서 바타비아로 이주한 화인만 해도 4,000명에 이른다. 비록 청나라는 반청(反清)운동을 주도했던 정성공(郑成功)을 숙청하기 위해 해금(海禁) 정책을 강화하여 민간인의 해상 무역을 금지시켰으나, 바다를 향하는 중국인이 끊이지 않았다. 1863년 청나라 강희제(康熙帝)가 대만을 통일한 이후 해금정책이 완화되어 중국인의 해상 활동이 다시 활발해졌다. 따라서 이 시기 중국 푸젠, 광둥 지역 출신 화인이 인도네시아로 많이 유입되었다. 또한 인도네시아의 농업이 발전하고 항구와 도시가 건설됨에 따라 대규모의 노동력을 필요로 하였다. 이러한 요인으로 인해 대규모 화인이 인도네시아로 유입되었는데, 화인 상인뿐만 아니라 청나라 통치를 반대하는 사대부(士大夫), 특히 중국 동남 연해지역의 농민과 일반 노동자가 인도네시아로 많이 이주하였다.

18세기 60~70년대에 이르러 대규모 화인이 인도네시아 칼리만탄바랏주(Kalimantan Barat)로 이주하였다. 그들은 현지에서 산림을 개척하고 농업을 발전시켰으며, 후추를 재배하고 선박을 제조하였다. 또한 소상공업을 발전시키고, 광산업을 경영하는 것이 화인이 종사하는 주요한 업종이었다. 1812년 화인이 운영하는 주요한 금광은 인도네시아 삼바스(Sambas)에 위치해있었다. 삼바스에는 약 30여 개의 광산이 있었는데 총 30,000명의 화인이 광산에서 일을 하였다. 따라서 삼바스 광산 근처에는 화인들이 집중 거주하는 집거지가 형성되었다. 1834년 칼리만탄바랏주에는 약 15만 명의 화인이 거주하였는데, 그 중 약 9만 명 정도가 화인 집거지에서 생활하였다.

요컨대 16세기 중엽부터 19세기 아편전쟁 이전까지 약 300년 동안 인도네시아의 화인 규모는 급속도로 확대되었다. 아울러 화인의 거주 지역도 인도네시아 전역으로 확대되었는데 자바의 바타비아, 수마트라(Sumatra), 칼리만탄

출처: http://www.scio.gov.cn/ztk/wh/slxy/31210/Document/1395095/1395095.htm
(검색일: 2016.11.15)

사진 3.4 투러우(土楼) 모양으로 건축된 인도네시아 객가박물관

바랏 주의 삼바스, 폰티아낙(Pontianak), 반자르마신(Banjarmasin) 등 지역에는 모두 화인 집거지가 형성되었다. 이러한 집거지에서 화인들은 그들만의 화인사회를 형성해 모국의 전통문화와 생활 관습을 유지해왔다.

19세기부터 20세기 상반기에 이르기까지 이 시기는 중국인의 해외 이주가 폭발적으로 증가한 시기이다. 아편전쟁이후 청나라는 서국 열강과 다양한 불평등조약을 체결하였고, 중국인의 해외 이주는 더는 제한받지 않았다.

1840년 아편전쟁 이후 약 100여 년간 중국인의 해외 이주는 해마다 10만 명 이상을 넘어 총 1,000만 명 이상의 중국인이 해외로 이주한 것으로 집계되었다. 중국인의 해외 이주는 전 세계로 확대되었는데, 인도네시아는 화인이 가장 많이 이주한 국가 중의 하나이다. 1860년대~1930년대 인도네시아로 유입한 화인은 대폭 확대되었다. 구체적으로 1860년 221,000명, 1870년 260,000명, 1880년 334,000명, 1890년 461,000명, 1900년 537,000명, 1905년 563,000명, 1920년 809,000명, 1930년 1,233,000명이

다.[21]

이 시기 화인의 해외이주가 폭발적으로 증가한 원인은 아래와 같이 세 가지로 구분할 수 있다. 첫째, 청나라 말기 청정부는 서구 국가와 여러 가지 불평등 조약을 체결하였는데, 그 중의 하나가 바로 중국 노동자를 제한 없이 자유로 고용할 수 있다는 것이다. 1893년 청나라는 공식적으로 해금 정책을 폐지하고 중국인의 해외 이주를 허용하였다. 둘째, 아편전쟁이후 중국의 자급자족 경제가 파괴되어 대규모의 실업자가 양산되었다. 생계를 유지하기 위해 많은 농민과 노동자가 해외로 떠나게 되었다. 셋째, 19세기 말기 인도네시아를 지배하고 있는 네덜란드가 현지 농업을 발전시키기 위해 자바, 수마트라 등 지역에서 농장을 설립하기 시작하였다. 광산과 농업이 발전하자 필요한 노동력을 충원하기 위해 화인을 유입시키기 시작한 것이다.[22]

이때 인도네시아로 이주한 중국인 중에 자유의 몸으로 이주한 화인도 있었으나, 대부분은 "계약화공(契约化工)"의 신분으로 유입되었다. 계약화공은 근대 화인 집단의 가장 주요한 구성부분이다. 계약화공은 "쿨리(苦力, Coolie)" 혹은 "주자이(돼지새끼, 猪仔)"로 불리기도 하였는데, 중국에서 파산되거나 일자리를 잃어 "모집(应募)"을 통해 계약을 체결한 중국인 노동자이다. 광둥 차오저우에는 "땔감도 없고 먹을 것도 없네. 굶어 죽을 바엔 아예 쿨리로 팔려 가세"라는 민요가 유행했었다. 쿨리는 하급노동자라는 한자 고력(苦力)에서 유래된 용어로 당시 중국인 사이에서는 주자이(돼지새끼)로 불리기도 하였다. 주자이는 "돼지새끼 취급을 받으며 해외로 끌려가 다시 돌아오지 못하는 자"를 의미하는 광둥 사투리이다.[23] 쿨리는 19세기 외국자본가나 중국인 브로커의 모집에 의해 해외로 송출한 노동자이다. 그들은

---

21 薛秀霞(2001), p. 79.

22 薛秀霞(2001), p. 79.

23 최승현(2011), pp. 45-46.

해외로 나갈 때 목적지에 도착할 때까지의 수수료, 교통비, 식비, 숙박비 등 경비를 부담해야 하지만, 중국에서 생계를 유지하기 어려운 자들에게 이러한 경비를 마련하기 어려웠다. 여기서 쿨리 모집을 맡은 외국자본가나 중국인 브로커가 이 경비를 대신 지불하면서 쿨리들은 노예와 다를 바 없는 "말 할 줄 아는 노동도구"로 전락하게 되었다.[24]

계약화공의 신분으로 인도네시아로 유입한 화인은 꾸준히 증가하였는데, 통계에 따르면 1912년~1932년까지 인도네시아의 계약화공은 224,607명에 이른다.[25] 19세기부터 시작된 쿨리 무역은 20세기 중엽에 이르러서야 종료되었다. 계약화공의 신분으로 인도네시아에 이주한 화인 일부는 모국으로 돌아가고, 일부는 현지에 정착해 오늘날 인도네시아 화인사회를 형성하였다.

3) 화상자본의 축적

인도네시아를 비롯한 동남아 지역 화인의 가장 중요한 특성은 바로 활발한 상업 활동을 기반으로 한 경제 파워이다. 중국과 동남아시아 각 국은 수 세기 전부터 무역활동이 이루어졌으며, 현재는 현지에 정착하고 있는 화인과 중국이 거대한 '중화경제권(中華經濟圈)'을 형성해 세계 경제를 이끌고 있다.

2010년 중국의 국내총생산(GDP)은 5조 8천 8백억 달러에 이르러 일본을 추월해 세계 제2의 경제대국으로 부상하였다. 따라서 1978년 개혁·개방이후 줄곧 세간의 주목을 받아왔던 중화경제권이 이를 계기로 새롭게 조명되고 있다. 중화경제권은 중국과 홍콩, 마카오, 타이완에 동남아 화

---

24 최승현(2011), p. 46.

25 薛秀霞(2001), p. 79.

교·화인경제권까지 아우르는 지역경제협력체이다.[26] 중화경제권(中華經濟圈)도 세계 여러 경제권의 일부분으로서 중국을 중심으로 화인들 사이에 경제교류가 이루어지고 있는 경제협력체를 지칭한다. 중화경제권이라는 구상은 1980년대 초 홍콩 학자 황즈렌(黃枝连)의 저서 『미국 203년: '미국체제'의 역사와 미래학에 대한 분석』에서 처음으로 제기되었다. 그는 저서에서 처음으로 '중국인공동체'라는 개념을 제시했는데, 이를 시점으로 중화경제권과 관련된 논의가 중국 대륙, 홍콩, 마카오, 타이완 뿐 아니라 해외에서도 활발하게 전개되기 시작했다.[27]

중화경제권의 부상을 논의함에 있어서는 동남아 화교·화인을 빼놓을 수 없다. 화교기업들은 가족중심의 경영체제를 갖고 세계 여러 지역에서 다양한 사업 영역에 참여하고 있기 때문에 이들 기업의 실제규모를 정확히 파악하기는 어렵다. 그러나 화교들이 중화경제권 부상에서의 중요한 역할은 누구도 부인할 수 없다. 중국 샤먼(厦门)대학교 좡궈투(庄国土) 교수의 연구결과에 따르면, 동남아 화교는 약 3,349만 명으로 전체 화교 인구의 73.5%를 차지하며 동남아 인구의 6%를 차지한다. 특히 이들은 동 지역 상권의 50% 이상, 대외무역의 40%를 장악하고 있는 것으로 집계되었다. 게다가 2010년 1월 중국-아세안 자유무역협정(FTA)이 체결되면서 동남아에서 중국을 중심으로 하는 중화경제권의 영향력이 크게 확대되고 있다.[28]

인도네시아, 말레이시아, 싱가포르, 태국 등 동남아 국가들에서 화상자본의 역할은 막강하다. 인도네시아에서는 한때 10대 기업 소유주가 전부 화인이었다. 현재 인도네시아의 화인 사업자는 25만 명에 달한다.[29]

---

26 리단 · 김혜련(2012), "중화경제권의 부상과 의미", 『디아스포라연구』 제6권 제2호, p. 132.

27 陈恩(1955), "中华经济圈的评析与对策探讨", 『暨南学报』 第17辑第4号, p. 26; 리단 · 김혜련(2012), p. 135 재인용.

28 리단 · 김혜련(2012), p. 138.

29 김창도(2012), "세계시장 파고드는 중화자본과 우리의 대응", 『친디아저널』 제74호, p. 33; 리

오늘날 인도네시아 상업계에서 화인이 차지하고 있는 경제적 우위는 19세기 중엽 특히 1870년에서 1940년 식민전성시기에 일어난 변화라고 할 수 있다. 네덜란드 식민지배 초기부터 화인은 그들의 근면 성실함과 뛰어난 상업적 재능으로 네덜란드 사람의 조수 내지는 식민지개발의 협력자로서 중개인 역할을 담당하였다. 동인도회사는 인도네시아의 인종을 유럽인, 중국계 이주민, 인도계 이주민, 원주민으로 구분하였다.[30] 화인들은 네덜란드 공관이나 상사에 고용되어 선박들의 기항세와 물품관세 징수 권한을 부여받아 재산을 축적하였으며, 소매업·도매업·사채업·도박장·아편매매 등으로 사업을 확장하였다.[31] 1930년에 이르러 인도네시아 화인의 경제활동은 아래와 같이 나타났다. 생산부문에서 자바의 제당공장 179개 중 화인이 경영하는 공장은 13개에 불과하나, 고무재배에 있어서는 40.5%를 차지하는 소규모 농장 대부분이 화인이 경영하고 있었다. 또한 화인은 정미공장을 장악하고 있었으며, 쌀 수입과 설탕 수출에서 강력한 영향력을 행사하였다. 인도네시아 수입상품의 국내 판매와 수출상품의 집하는 거의 화인이 독점하였다.[32]

인도네시아에서 화인이 경제적 우위를 차지하게 된 것은 네덜란드 식민정권의 인종차별정책에서 기인한다. 1854년 네덜란드는 새로운 법령을 제정해 통치를 전담하는 유럽인을 권력의 최상층으로 규정하고, 경제활동에 주력하는 화인을 비롯한 이주민을 다음 계층으로 규정하였으며, 원주민을 최하위층으로 규정해 민족집단별 계층이 형성되었다. 이에 따라 유럽인은 공공서비스를 지배하고, 화인은 무역업에 종사하였으며, 원주민은

단 · 김혜련(2012), pp. 138-139.

30 홍재현(2011), pp. 406-407.

31 스털링 시그레이브, 원경주 역(2002), 『중국 그리고 화교』, 프리미엄북스, pp. 285-286; 홍재현(2011), p. 407 재인용.

32 홍재현(2011), p. 408.

원료생산업에 종사하여 모든 영역에서 소외되었다.[33] 화인과 원주민의 사회적 거리감은 점차 멀어졌으며 종족 갈등이 확대되기 시작되었다.

2. 현지적응 실태

인도네시아 화인은 현지에서 경제적 우위를 차지하고 있지만, 정치·사회적으로는 소외되어 '보이지 않는' 화인사회를 형성하고 있다. 따라서 인도네시아 화인의 현지적응 실태를 파악하기 위해 반둥에서 진행한 설문조사를 기반으로 그들의 언어, 문화, 정체성, 사회적응, 차별경험, 생활만족도, 정책만족도를 분석하였다.

1) 언어

언어능력과 같은 의사소통 기술은 거주국 사회로의 적응을 위한 필수도구이며, 거주국에서의 생활에 영향을 미치는 핵심 요인이다. 현재 인도네시아와 말레이시아에 정착하고 있는 화인 디아스포라는 대부분 현지에서 태어나고 거주국 국적을 취득한 이주민 집단이기에 거주국 언어를 능통하게 구사하고 있다. 따라서 그들의 민족언어 구사능력을 파악하는 것은 화인사회 현황을 검토하는 중요한 척도이다.[34]

인도네시아 화인 디아스포라의 민족언어 구사능력을 파악하기 위해 일상생활에서 주로 사용하는 언어를 살펴보았다. 분석결과, 인도네시아 화인 디아스포라는 90.3%(130명)가 일상생활에서 거주국 언어인 인도네시

33 윤인진 · 이유선(2002), "인도네시아의 민족관계: 화교를 중심으로", 『아세아연구』 제45권 제2호, pp. 260-261; 홍재현(2011), p. 408 재인용.

34 김혜련(2014), p. 208.

아어를 사용한다고 응답하였고, 3.5%(5명)가 영어를 사용한다고 응답하였으며, 중국어를 사용하는 비율은 6.3%(9명)에 불과하다. 다시 말해, 인도네시아 화인 디아스포라 대부분은 거주국에 동화되어 일상생활에서 주로 인도네시아어를 사용하고 있는 것으로 나타났다.

표 3.1 인도네시아 화인이 일상생활에서 사용하는 언어

질문사항	인도네시아어	중국어	영어	전체
빈도(명)	130	9	5	144
비율(%)	90.3	6.3	3.5	100

또한 인도네시아에 거주하고 있는 화인 디아스포라의 민족언어 구사능력을 조사하기 위해 그들의 중국어 수준을 조사하였다. 설문조사 결과, 53.5%(77명)가 '매우 못함', 36.8%(53명)가 '조금 못함'이라고 응답하였고, 5.6%(8명)가 '보통', 4.2%(6명)가 '조금 잘함', '매우 잘함'이라고 응답한 대상자는 없었다. 이는 인도네시아 화인 디아스포라가 중국어를 능통하게 구사하지 못하고 있다는 것을 설명한다.

표 3.2 인도네시아 화인의 중국어 수준

질문사항	매우 못함	조금 못함	보통	조금 잘함	매우 잘함	전체
빈도(명)	77	53	8	6	0	144
비율(%)	53.5	36.8	5.6	4.2	0	100

2) 문화

인도네시아 화인 디아스포라가 거주국에서 어느 정도로 민족문화를 계승하고 있는가를 판단하기 위해 그들이 선호하는 문화, 혼례식, 장례식, 선호하는 음식, 가구, 전통명절 유지 상황 등을 조사하였다.

표 3.3 인도네시아 화인이 선호하는 문화

질문사항	인도네시아 문화	중국 문화	인도네시아, 중국 문화 모두	기타	전체
빈도(명)	59	17	54	14	144
비율(%)	41.0	11.8	37.5	9.7	100

우선, 인도네시아 화인이 선호하는 문화를 조사한 결과, 41.0%(59명)가 '인도네시아 문화'를 선호한다고 응답하였고, 37.5%(54명)가 '인도네시아, 중국 문화 모두', 11.8%(17명)가 '중국 문화'를 선호한다고 응답하였으며, 9.7%(14명)가 '기타'로 응답하였다. 이는 인도네시아 화인이 민족문화인 중국 문화보다는 현지문화인 인도네시아 문화 혹은 인도네시아와 중국 문화가 혼합된 문화를 선호한다는 것을 설명한다.

표 3.4 인도네시아 화인이 선호하는 음식

질문사항	인도네시아 음식	중국 음식	페라나칸 음식	서양음식	기타	전체
빈도(명)	25	21	54	4	40	144
비율(%)	17.4	14.6	37.5	2.8	27.8	100

인도네시아 화인의 모국 문화 유지 정도를 파악하기 위해 그들이 선호하는 음식과 가정에서 사용하는 가구를 조사하였고, 더불어 화인들이 혼례식 및 장례식을 치르는 방식을 살펴보았다. 조사결과, 선호하는 음식 부분에서 17.4%(25명)가 '인도네시아 음식'을 선호한다고 응답하였고, 14.6%(21명)가 '중국 음식', 37.5%(54명)가 '페라나칸[35] 음식', 2.8%(4명)가 '서양 음식', 27.8%(40명)가 '기타'로 응답하였다. 이는 인도네시아 화인이 중국 음식과 현지 음식 문화가 융합된 페라나칸 음식을 가장 선호한다는 것을 설명한다.

---

35 페라나칸(Peranakan)은 동남아로 이주한 중국계 이주민 남성과 현지 여성 사이에서 타어난 이들을 지칭하며, 남성은 바바(baba), 여성은 논야(nonya)라고 불린다.

표 3.5 인도네시아 화인이 선호하는 가구, 혼례식, 장례식

질문사항	인도네시아식	중국식	서양식	기타	전체
가구	25(17.4)	53(36.8)	17(11.8)	49(34.0)	144(100)
혼례식	23(16.0)	45(31.3)	34(23.6)	42(29.2)	144(100)
장례식	18(12.5)	68(47.2)	14(9.7)	44(30.6)	144(100)

주) 표 중의 숫자는 빈도, ( )의 숫자는 %

인도네시아 화인이 선호하는 가구, 혼혜식, 장례식을 조사한 결과는 다음과 같다. 가구의 경우, 17.4%(25명)가 '인도네시아식 가구'를 선호한다고 응답하였고, 36.8%(53명)가 '중국식 가구', 11.8%(17명)가 '서양식 가구', 34.0%(49명)가 '기타 양식의 가구'를 선호한다고 응답하였다. 혼례식의 경우, 16.0%(23명)가 '인도네시아식 혼례식'을 선호한다고 응답하였고, 31.3%(45명)가 '중국식 혼례식', 23.6%(34명)가 '서양식 혼례식', 29.2%(42명)가 '기타'를 선택하였다. 장례식의 경우, 12.5%(18명)가 '인도네시아식', 47.2%(68명)가 '중국식', 9.7%(14명)이 '서양식', 30.6%(44명)가 '기타'를 선호한다고 응답하였다. 이는 인도네시아 화인이 가정에서 사용하는 가구는 중국식 가구를 가장 선호하고, 혼례식도 중국식을 선호하며, 장례식도 중국식을 선호한다는 것을 설명한다.

표 3.6 인도네시아 화인의 현지문화 수용 분야 평균 및 표준편차

질문항목	평균	표준편차	빈도
나는 내가 사는 지역의 문화를 받아들이는 것은 당연하다고 생각한다.	3.60	.770	143
나는 내가 사는 지역의 생활풍습이나 생활양식에 익숙해져야 한다고 생각한다.	3.34	.864	143
나는 두 나라 문화 장점 모두를 살리면서 생활하고 있다.	3.15	.896	143
나는 두 나라 문화를 연결하기 위해 노력하고 있다.	3.09	.919	143
나는 두 나라의 문화적 차이를 비판하기 보다는 이해하려는 태도가 중요하다고 생각한다.	3.78	.840	143

다른 한편, 인도네시아 화인이 거주국에서 어느 정도로 현지문화를 받아들이고 있는가를 조사하기 위해 그들의 현지문화 수용도를 분석하였다. 분석결과, 〈표 3.6〉에서도 나타나듯이 '나는 내가 사는 지역의 문화를 받아들이는 것은 당연하다고 생각한다'라는 질문항목의 평균치가 3.60으로 3.00보다 높게 나타났으며, '나는 내가 사는 지역의 생활풍습이나 생활양식에 익숙해져야 한다고 생각한다'라는 질문항목의 평균치가 3.34로 나타났다. '나는 두 나라 문화 장점 모두를 살리면서 생활하고 있다'라는 질문항목의 평균치는 3.15로 나타났고, '나는 두 나라 문화를 연결하기 위해 노력하고 있다'라는 질문항목의 평균치는 3.09, '나는 두 나라의 문화적 차이를 비판하기 보다는 이해하려는 태도가 중요하다고 생각한다'라는 질문항목의 평균치는 3.78로 나타났다. 이는 인도네시아 화인이 현지 문화를 수용하고 있으며, 거주국 문화와 모국 문화를 동시에 체화시키고 있다는 것을 설명한다.

3) 정체성

필립 방콕(Philip Babcock)에 의하면 정체성이란 "변화의 상이성으로부터 구별되는 동일성이며, 다양한 실례들 속에 있는 본질적이거나 포괄적인 성격의 동일성이고, 인성의 단일성과 연속성"이다. 정체성이란 용어는 동일성, 연속성, 소속감, 일체감의 의미를 포괄할 수 있는 표현이다.[36] 즉, 정체성은 개인이나 집단의 존재를 주변세계와의 연관 속에서 규정하고 설명하는 용어이다. 국경을 넘나드는 이주민에게 있어서 정체성은 국민정체성과 민족정체성으로 구분할 수 있다.

국민정체성은 한 국가의 구성원들이 '국민됨(nationhood)'에 대해 생각하

36 임채완(1999), "중앙아시아 고려인의 언어적 정체성과 민족의식", 『국제정치론집』 제39집 2호, p. 317.

고 이야기하는 방식 또는 스스로를 규정하는 자기이해라고 할 수 있다.[37] 다시 말해, 국민정체성은 특정 국가의 구성원으로서 갖는 자기 나름의 감정과 태도를 의미한다.[38]

민족정체성은 특정 민족이 가지는 고유특성이나 민족의 일원으로서의 소속의식을 지칭한다.[39] 민족정체성은 민족구성원들 사이에 공유되고 있는 객관적 특성과 민족적 차원에서 자기를 누구로 인식하는가를 반영하는 주관적 측면이 포함된다. 여기서 객관적 민족정체성은 민족집단에 특유한 문화적 특성, 예컨대 언어, 종교, 생활방식과 민족의 역사적 유래 등 객관적 지표들로 구성된다. 주관적 민족정체성은 개개인들의 소속의식 즉 민족의식으로 나타난다. 문화적 고유 특징을 보전하고 있는지는 민족정체성을 유지하고 있는지 아니면 타문화에 이미 동화되었는지를 가르는 기준이 된다. 아울러 소속의식으로서의 민족정체성은 민족적 공동운명의식이나 사상의 심리적 토대가 된다.[40]

이 책에서는 인도네시아 화인의 현지적응 실태를 분석하기 위해 그들의 국민정체성과 민족정체성을 조사하였다. 우선 인도네시아 화인의 국민정체성은 아래와 같이 나타났다.

〈표 3.7〉에서도 나타나듯이 '인도네시아에 강한 소속감을 가지고 있다'라는 질문사항의 평균치는 3.45, '화인이 인도네시아 현지사회에 동화되는 것이 최선이다'라는 질문사항의 평균치는 3.55, '인도네시아 문화에 비호의적인 것은 화인의 잘못이다'라는 질문사항의 평균치가 3.43, '인도네시아 영화나 드라마를 즐겨본다'라는 질문사항의 평균치는 3.33, '화인

---

37 Brubaker, R., 1992, Citizenship and Nationhood in France and Germany, Cambridge, Mass: Harvard University Press, pp. 13-14; 백승대 · 안태준(2013), "국민정체성이 청소년의 다문화수용성에 미치는 영향", 『대한정치학회보』 제21권 제2호, p. 3 재인용.

38 백승대 · 안태준(2013), p. 4.

39 정영훈(2010), "민족정체성, 그리고 한민족의 민족정체성", 『민족학연구』 9권 1호, p. 3.

40 정영훈(2010), pp. 3-4.

표 3.7 인도네시아 화인의 국민정체성 분야 평균 및 표준편차

질문항목	평균	표준편차	빈도
나는 인도네시아에 강한 소속감을 가지고 있다.	3.45	.669	142
나는 화인이 인도네시아 현지사회에 동화되는 것이 최선이라고 생각한다.	3.55	.740	142
나는 화인들이 인도네시아 현지 문화에 대해여 많이 아는 것은 좋지만 필요한 것은 아니라고 생각한다.	2.79	.981	142
나는 인도네시아 문화에 비호의적인 화인은 잘못된 것이라고 생각한다.	3.43	.802	142
나는 인도네시아 영화나 드라마를 즐겨본다.	3.33	.985	141
나는 화인과 인도네시아인, 기타 종족과의 결혼을 장려해야 한다고 생각한다.	3.00	1.031	142

과 인도네시아인 혹은 기타 종족과의 결혼을 장려해야 한다'는 질문사항의 평균치는 3.00으로 나타났다. 또한 '화인들이 인도네시아 현지문화에 대해서 많이 아는 것은 좋지만 필요한 것은 아니다'라는 질문항목의 평균치는 3.0보다 낮은 2.79로 나타났다. 즉, 많은 인도네시아 화인은 현지 문화를 알아야 한다고 생각하고 있다는 것이다. 다시 말해, 전반적으로 인도네시아 화인은 인도네시아 국민으로서 강한 소속감을 느끼고 있으며, 확고한 국민정체성을 유지하고 있다.

다른 한편, 인도네시아 화인의 민족정체성은 아래와 같이 나타났다. '중국인의 후손이라는 것이 자랑스럽다'라는 질문항목의 평균치가 3.74로 높게 나타났으며, '화인들이 중국 문화를 유지해야 한다'라는 질문항목의 평균치가 3.54, '나는 중국 문화를 알리는 것이 중요하다고 생각한다'라는 질문항목의 평균치가 3.50, '나는 중국에 대해 잘못된 정보를 가진 사람에게 제대로 알려주려고 노력한다'라는 질문항목의 평균치가 3.62, '화인사회단체(협회, 동향회)에 강한 소속감을 느낀다'라는 질문항목의 평균치는 3.33으로 모두 높게 나타났다. 반면에 '중국 전통명절(춘절, 중추절, 단오절 등)을

잘 지킨다'의 질문사항의 평균치는 2.95, '나는 화인 친구들을 만나고 어울리는 것이 좋다'라는 질문항목의 평균치는 2.97, '화인만의 사원, 교회 등에 가는 것을 좋아한다'라는 질문항목의 평균치는 2.83으로 낮게 나타났다.

다시 말해, 인도네시아 화인은 여전히 중국인의 후손으로서 자랑스럽게 생각하고 있고, 중국 문화를 유지해야 한다고 생각하고 있으며, 화인사회단체에 강한 소속감을 느끼는 등 민족정체성을 유지하고 있다. 그러나 인도네시아 정부의 제한정책으로 인해 전통명절을 잘 유지하지 못하고 있는 편이며, 화인들과 어울리는 것보다는 현지 원주민과 더불어 살아가는 것을 지향하고 있다는 것을 설명한다.

표 3.8 인도네시아 화인의 민족정체성 분야 평균 및 표준편차

질문항목	평균	표준편차	빈도
나는 중국인의 후손이라는 것이 자랑스럽다.	3.74	.507	142
나는 중국 전통명절(춘절, 중추절, 단오절 등)을 잘 지킨다.	2.95	1.067	142
나는 화인들이 중국 문화를 유지해야 한다고 생각한다.	3.54	.848	142
나는 중국 문화를 알리는 것이 중요하다고 생각한다.	3.50	.627	143
나는 중국에 대해 잘못된 정보를 가진 사람에게 제대로 알려주려고 노력한다.	3.62	.788	142
나는 화인 친구들을 만나고 어울리는 것이 좋다.	2.97	.861	142
나는 화인사회단체(협회, 동향회 등)에 강한 소속감을 느낀다.	3.33	.627	141
나는 화인만의 사원, 교회 등에 가는 것을 좋아한다.	2.83	.985	141

4) 사회적응

인도네시아 화인의 거주국 정착 실태를 더 세부적이고 구체적으로 분석하기 위해 그들의 지역사회 적응 상황을 조사하였다. 구체적으로 현지 원주민과의 관계, 지역사회에서의 생활과 사회적 지위 등을 조사하였다.

조사결과는 아래와 같다.

우선, 인도네시아 화인과 원주민의 종족관계를 분석하기 위해 '문화차이로 인해 원주민과 갈등이 있는지'를 조사하였다. 분석결과, 응답자 중 '자주 있음'이라고 응답한 화인은 2.8%(4명), '가끔 있음'이라고 응답한 화인은 24.3%(35명), '거의 없음'이라고 응답한 화인은 50.0%(72명), '전혀 없음'이라고 응답한 화인은 22.9%(33명)로 나타났다. 즉, 설문조사 대상자 중 72.9%(105명)는 일상생활에서 현지 원주민과 갈등이 없다고 응답하였다('거의 없음' 50.0%, '전혀 없음' 22.9%).

표 3.9 인도네시아 화인과 현지 원주민과의 갈등 분야 빈도분석

구분	자주 있음	가끔 있음	거의 없음	전혀 없음	합계
빈도(명)	4	35	72	33	144
비율(%)	2.8	24.3	50.0	22.9	100

다음, 인도네시아 화인과 현지 원주민의 관계를 분석한 결과, '인도네시아 현지 원주민과 오락, 취미생활, 쇼핑 등 여가활동을 함께 한다'는 질문항목의 평균치는 3.41, '현지 원주민과 어려울 때 서로 도움을 주고 받는다'라는 질문항목의 평균치는 3.18, '현지 원주민과 진정한 친구가 될 수 있다'라는 질문항목의 평균치는 3.24로 모두 3.00보다 높게 나타났다. 이

표 3.10 인도네시아 화인과 현지 원주민의 관계 분야 평균 및 표준편차

질문항목	평균	표준편차	빈도
나는 인도네시아 현지 원주민과 오락, 취미생활, 쇼핑 등 여가활동을 함께 한다.	3.41	.834	143
나는 현지 원주민과 어려울 때 서로 도움을 주고 받는다.	3.18	.757	143
나는 현지 원주민과 경조사가 생기면 서로 축하나 위로를 해준다.	2.76	.913	143
나는 현지 원주민과 진정한 친구가 될 수 있다.	3.24	.780	143

는 인도네시아 화인이 일상생활에서 현지 원주민과 비교적 양호한 종족 관계를 유지하고 있다는 것을 설명한다. 다만, '현지 원주민과 경조사가 생기면 서로 축하나 위로를 해준다'를 질문항목의 평균치가 3.00보다 낮은 2.76으로 나타났다. 이는 화인과 인도네시아 현지 원주민의 경조사 문화 및 풍습이 달라 서로 축하나 위로를 하지 않기 때문이다.

마지막으로, 인도네시아 화인의 지역사회 생활을 분석한 결과, '내가 살고 있는 지역의 사람들은 나를 지역주민으로 인정하고 있다'는 질문항목의 평균치가 3.44로 나타났고, '내가 살고 있는 지역의 사람들은 나를 인격적으로 존중해준다'라는 질문항목의 평균치는 3.52로 나타났다. 다시 말해, 화인이 거주하고 있는 지역사회 주민은 그들을 주민으로 인정하고, 존중해주고 있다는 것을 설명한다. 또한 '나는 내가 사는 지역의 문제에 대해 관심을 가지고 있다'는 질문항목의 평균치는 3.32로 나타났고, '나는 내가 사는 지역에 계속 살고 싶다'라는 질문항목의 평균치는 3.27로 나타났으며, '나는 내가 사는 지역에 자부심을 느낀다'라는 질문항목의 평균치는 3.36으로 나타났다. 아울러 '나는 내가 사는 지역의 지리를 잘 알고 있다'는 질문항목의 평균치는 3.71, '나는 내가 사는 지역에 있는 병원, 보건

표 3.11 인도네시아 화인의 지역사회 생활 분야 평균 및 표준편차

질문항목	평균	표준편차	빈도
내가 살고 있는 지역의 사람들은 나를 지역주민으로 인정하고 있다.	3.44	1.011	143
내가 살고 있고 지역의 사람들은 나를 인격적으로 존중해준다.	3.52	.846	143
나는 내가 사는 지역의 문제에 대해 관심을 가지고 있다.	3.32	.893	143
나는 내가 사는 지역에 계속 살고 싶다.	3.27	.789	143
나는 내가 사는 지역에 자부심을 느낀다.	3.36	.817	143
나는 내가 사는 지역의 지리를 잘 알고 있다.	3.71	.738	143
나는 내가 사는 지역에 있는 병원, 보건소 등을 혼자서 잘 이용할 수 있다.	3.45	1.073	143

소 등을 혼자서 잘 이용할 수 있다'라는 질문항목의 평균치는 3.45로 나타났다. 따라서 전반적으로 인도네시아 화인은 현지 지역사회에 잘 적응하고 있는 것으로 나타났다. 지역사회 주민의 인정을 받고 있고, 지역사회에 자부심을 느끼며, 지역사회 시설을 충분히 이용하고, 더불어 계속 그 지역에 살려는 의지를 표출하고 있다.

5) 차별경험

인도네시아 화인의 현지정착 실태를 파악하기 위해 그들이 현지 원주민으로부터 경험한 차별시선을 조사하였다. 분석결과 '나는 화인을 비하하는 단어를 들은 적 있다'라는 질문항목에 평균치가 3.85로 나타났고, '나는 화인이라는 이유로 무시당하거나 심한 표현을 들은 적 있다'라는 질문항목에 평균치가 3.84로 나타났으며, '나는 화인의 외모나 언어에 대해 현지인들이 거부감을 갖거나 싫어하는 느낌을 받은 적 있다'라는 질문항목에 평균치가 3.01로 나타났다. 다시 말해, 인도네시아 화인은 원주민으로부터 화인을 비하하거나 무시하는 등 차별경험이 있다는 것이다.

표 3.12 인도네시아 화인의 차별경험 분야 평균 및 표준편차

질문항목	평균	표준편차	빈도
나는 화인을 비하하는 단어를 들은 적 있다.	3.85	.864	143
나는 화인이라는 이유로 무시당하거나 심한 표현을 들은 적 있다.	3.84	.828	143
나는 화인의 외모나 언어에 대해 현지인들이 거부감을 갖거나 싫어하는 느낌을 받은 적 있다.	3.01	1.065	143

6) 생활만족도

이주민의 현지적응 실태를 검증하는 다른 하나의 기준은 바로 인도네시아 생활에 대한 만족도이다. 만족도 수준에 대해서는 '매우 불만족', '불만족', '보통', '만족', '매우 만족'의 5점 척도를 이용하여 평가를 하였다. 질문사항에는 일상생활에서의 음식, 옷, 가족관계, 직장, 여가생활 등이 포함된다. 조사결과는 아래와 같이 나타났다.

일상생활 분야에서 '나는 현재 인도네시아에서의 생활에 만족한다'라는 질문항목의 평균치는 3.60으로 나타났다. 또한 '일상적으로 먹는 음식에 만족한다'라는 질문항목의 평균치가 3.64로 나타났고, '일상적으로 입는 옷에 만족한다'라는 질문항목의 평균치는 3.86으로 높게 나타났다. 이

표 3.13 인도네시아 화인의 생활만족도 평균 및 표준편차

질문항목	평균	표준편차	빈도
나는 현재 인도네시아에서의 생활에 만족한다.	3.60	.761	143
나는 일상적으로 먹는 음식에 만족한다.	3.64	.708	143
나는 일상적으로 입는 옷에 만족한다.	3.86	.646	143
나는 가족들과의 관계에 만족한다.	3.99	.707	143
나는 현재 사귀는 친구들과의 관계에 만족한다.	3.69	.716	143
나는 친인척들과의 관계에 만족한다.	3.83	.695	143
나는 현재 하고 있는 일에 대해 만족한다.	3.39	1.025	139
나는 현재 나의 한 달 수입에 만족한다.	3.32	1.192	139
나는 직장에서 동료들과의 관계에 만족한다.	3.57	0.810	143
나는 요즘 내가 하는 여가생활에 만족한다.	3.45	.845	143
나는 내가 원하는 만큼 자유가 있다고 느낀다.	3.45	.841	141
나는 전반적으로 현재 나의 삶에 대해 만족한다.	3.67	.660	141
나는 현재 행복하다.	3.52	.771	141
나는 내가 가치 있는 사람이라고 느낀다.	3.97	.707	141

는 인도네시아 화인이 현지에서의 생활에 만족하고 있다는 것으로 파악할 수 있다.

가족, 친구, 친인척과의 관계 분야에 있어서 '나는 가족들과의 관계에 만족한다'라는 질문항목의 평균치는 3.99로 높게 나타났고, '현재 사귀는 친구들과의 관계에 만족한다'라는 질문항목의 평균치는 3.69로 나타났으며, '친인척들과의 관계에 만족한다'라는 질문항목의 평균치는 3.83으로 나타났다.

직장 만족도 분야에서 '나는 현재 하고 있는 일에 대해 만족한다'라는 질문항목의 평균치는 3.39로 나타났고, '현재 나의 한 달 수입에 만족한다'라는 질문항목의 평균치는 3.32로 나타났으며, '나는 직장에서 동료들과의 관계에 만족한다'라는 질문항목의 평균치는 3.57로 나타났다.

여가생활 분야에서 '나는 요즘 내가 하는 여가생활에 만족한다'라는 질문항목의 평균치는 3.45로 나타났고, '내가 원하는 만큼 자유가 있다고 느낀다'라는 질문항목의 평균치는 3.45로 나타났다. 또한 '전반적으로 현재 나의 삶에 대해 만족한다'라는 질문항목의 평균치는 3.67로 나타났고, '현재 행복하다'라는 질문항목의 평균치는 3.52로 나타났으며, '나는 내가 가치 있는 사람이라고 느낀다'라는 질문항목의 평균치는 3.97로 나타났다.

7) 정책만족도

인도네시아 화인의 현지적응 실태를 심층적으로 분석하기 위해 정부가 시행하고 있는 화인정책에 대한 만족도를 조사하였다. 정책만족도 수준에 대해서도 '매우 불만족', '불만족', '보통', '만족', '매우 만족'의 5점 척도를 이용하여 평가를 하였다.

조사결과, 아래 도표에서 나타나듯이 '나는 인도네시아 정부가 시행하고 있는 화인 교육정책에 대해 만족한다'라는 질문항목의 평균치는 2.89로, 3.00보다 낮은 수치로 나타났다. 또한 '인도네시아 정부의 화인 정책

표 3.14 인도네시아 화인의 정책만족도 평균 및 표준편차

질문항목	평균	표준편차	빈도
나는 인도네시아 정부가 시행하는 화인 교육정책에 대해 만족한다.	2.89	1.079	141
나는 인도네시아 정부의 화인 정책에 만족한다.	2.71	1.039	141

에 만족한다'라는 질문항목의 평균치도 2.71로, 3.00보다 낮은 수치로 나타났다. 즉, 인도네시아 화인이 정부가 시행하고 있는 교육정책 및 화인정책에 대해 불만을 나타내고 있다는 것을 설명한다.

8) 소결

설문조사를 통해 인도네시아 화인의 현지적응 실태를 분석한 결과는 아래와 같이 나타났다. 첫째, 인도네시아 화인 디아스포라의 민족언어 구사능력을 파악하기 위해 그들의 일상생활에서 주로 사용하는 언어를 검토하였다. 조사결과, 90.3%(130명)가 일상생활에서 거주국 언어인 인도네시아어를 사용하고 있으며, 중국어를 사용하는 비율은 6.3%(9명)에 불과하다. 또한 민족언어 구사능력을 조사한 결과, '못함'이라고 응답한 대상자가 90.3%(130명)(53.5%가 '매우 못함', 36.8%가 '조금 못함'), '보통'이라고 응답한 대상자가 5.6%(8명), 4.2%(6명)가 '조금 잘함'이라고 응답하였고, '매우 잘함'이라고 응답한 대상자는 없었다. 다시 말해, 인도네시아 화인 디아스포라 대부분은 거주국에 동화되어 일상생활에서 주로 인도네시아어를 사용하고 있으며, 중국어를 능통하게 구사하지 못하고 있는 것으로 나타났다.

둘째, 인도네시아 화인 디아스포라가 거주국에서 어느 정도로 민족문화를 계승하고 있는가를 판단하기 위해 그들이 선호하는 문화, 혼례식, 장례식, 선호하는 음식, 가구, 전통명절 유지 상황, 현지문화 수용도 등을 조

사하였다. 조사결과, 인도네시아 화인은 민족문화보다 현지문화인 인도네시아 문화(41.0%) 혹은 인도네시아와 중국 문화가 혼합된 문화(37.5%)를 선호한다는 것으로 나타났다. 비록 가정에서 사용하는 가구, 혼례식 및 장례식은 여전히 중국식을 선호하고 있지만, 음식은 중국 음식과 현지 음식 문화가 융합된 페라나칸 음식을 가장 선호하는 것으로 나타났다. 아울러 인도네시아 화인은 현지 문화를 수용하고 있으며, 거주국 문화와 모국 문화를 동시에 체화시키고 있는 것으로 조사되었다.

셋째, 인도네시아 화인의 현지적응 실태를 심도 있게 분석하기 위해 그들의 국민정체성과 민족정체성을 파악하였다. 조사결과, 인도네시아 화인은 인도네시아 국민으로서 강한 소속감을 느끼고 있으며, 확고한 국민정체성을 유지하고 있다. 다른 한편, 인도네시아 화인은 여전히 중국인의 후손으로서 자랑스럽게 생각하고 있고, 중국 문화를 유지해야 한다고 생각하고 있으며, 화인사회단체에 강한 소속감을 느끼는 등 민족정체성을 유지하고 있다. 그러나 인도네시아 정부의 제한정책으로 인해 전통명절은 잘 유지하지 못하고 있는 편이며, 화인들과 어울리는 것보다는 현지 원주민과 더불어 살아가는 것을 지향하고 있는 것으로 조사되었다.

넷째, 인도네시아 화인과 현지 원주민의 관계, 지역사회에서의 생활 및 사회적 지위를 조사하여 그들의 사회적응 실태를 파악하였다. 조사결과, 설문조사 대상자 중 72.9%(105명)는 일상생활에서 현지 원주민과 갈등이 없다고 응답하였다('거의 없음' 50.0%, '전혀 없음' 22.9%). 인도네시아 화인은 일상생활에서 현지 원주민과 비교적 양호한 종족관계를 유지하고 있으며, 현지 지역사회에 잘 적응하고 있는 것으로 나타났다. 지역사회 주민의 인정을 받고 있고, 지역사회에 자부심을 느끼며, 지역사회 시설을 충분히 이용하고, 더불어 계속 그 지역에 살려는 의지를 표출하고 있다.

다섯째, 인도네시아 화인은 오랜 현지적응을 거쳐 현지 거주국에 잘 적응하고 있는 것으로 나타났지만, 여전히 차별시선을 경험하고 있다. 조사결과, 인도네시아 화인은 그들을 비하하는 단어를 들은 적 있고, 화인이라는 이유로 무시당하는 경험이 있으며, 화인의 언어나 외모에 대해 현지인들이 거부감을 갖거나 싫어하는 느낌을 받은 적 있다고 응답하였다.

여섯째, 일상생활 만족도, 가족·친구·친인척과의 관계, 직장만족도를 조사하여 인도네시아 화인의 생활만족도를 파악하였다. 조사결과, 인도네시아 화인은 현지에서의 생활에 만족하고 있는 것으로 나타났고, 가족·친구·친인척과의 관계에도 만족하며, 직장·수입·동료와의 관계도 만족하는 것으로 조사되었다.

일곱째, 인도네시아 화인은 정부의 화인정책에 대해 불만을 나타내고 있는 것으로 조사되었다. 특히 그들은 인도네시아 정부에서 시행하고 있는 제한적인 화인 교육정책에 대해 불만을 품고 있다고 지적하고 있다.

3. 정착기제

디아스포라는 모국을 떠나 거주국에서 새로운 삶의 터전을 개척한 이주민 집단이다. 그들은 초기에 수용국의 현지문화 적응이 어려운 만큼 사회문화적, 교육적, 정책적, 경제적 측면의 정착기제가 각기 달리 표출될 수 있다. 이 연구는 디아스포라 집단이 현지 거주국에서 구축한 공동체, 학교, 잡지와 신문, 문화시설 등을 분석함으로써 그들의 정착기제를 탐구하고자 한다.

1998년 수하르토 정권이 대규모 반정부시위로 몰락한 이후, 정부의 화인 제한정책이 점차 완화되었다. 기존에 억압되고 통제되었던 화인 디아스포라 사회는 다시 부활하기 시작하였다. 인도네시아 화인 디아스포라는 화인삼보(三宝)로 불리우는 화인학교, 화인단체, 화인신문사를 통해 민족문화를 발전시키고 있다.[41]

---

41 김혜련 · 리단(2014), p. 53.

1) 화인학교[42]

민족학교는 인도네시아 화인이 현지 거주국에서 그들만의 공동체를 형성하고, 민족정체성을 유지하는 가장 중요한 정착기제 중의 하나이다. 인도네시아의 화문(华文)교육[43]은 300여 년의 역사를 가지고 있다. 인도네시아 화인은 화인학교를 기반으로 민족언어를 유지하고, 화인사회를 구축해왔다.

역사기록에 따르면, 인도네시아의 화문교육은 1690년에 설립된 명성서당(名诚书院)으로부터 시작되었다. 1901년 자카르타에는 중화회관(中华会馆)이 설립한 첫 화인학교 – 자카르타중화회관중화학교(巴城中华会馆中华学校)가 설립되었다. 이는 인도네시아 근대 학교의 시작이다. 1908년에 이르러 인도네시아에는 총 44개의 화인학교가 설립되었고, 1911년에는 100개에 달했다.[44] 1950년대에 이르러 화인학교는 한층 더 발전하여 1957년까지 화인들이 설립한 학교(유치원, 초등학교, 중학교)는 총 1,800개에 이르렀고, 학생은 40만 명에 달하였다.[45] 이는 인도네시아 화문교육이 가장 발전한 시기이다.

그러나 1965년 종족갈등이 폭발한 "9·30" 사건 이후, 수하르토 정권은 인도네시아 국내의 모든 화인학교를 폐쇄시켜 화인사회를 완전히 주류사회로부터 배제하기 시작하였다. 또한 인도네시아 정부는 1966년부터 공공장소에서의 중국어 사용금지, 중국어 잡지 발행 금지, 화인 개명 운동 등 일련의 조치를 통해 화인을 현지사회로 강압적으로 동화시키는 정책

---

42 김혜련 · 리단(2014), pp. 53-54.

43 인도네시아와 말레이시아를 비롯한 동남아시아 지역에서는 중국어를 화문이라고 지칭하고, 중국어교육을 화문교육으로 정의하고 있다.

44 耿红卫(2007), "印度尼西亚华文教育的历史沿革与现状", 『云南师范大学学报』 2007年第5卷第3期, p. 67.

45 耿红卫(2007), p. 68.

을 추진하였다. 1960~1980년대 이 시기는 인도네시아 화문교육의 암흑기라고 할 수 있다.[46]

1990년대 중국의 급속한 경제성장 및 국제무대에서의 영향력 확대와 함께 중국어 교육 붐이 다시 일게 되었다. 이와 함께 인도네시아와 중국이 1990년 8월 8일에 수교하여 국교정상화를 실현하였다. 23년 동안 단절되었던 외교관계가 회복되자, 인도네시아와 중국의 경제·문화 교류는 한층 더 활발해졌고, 현지 화문교육도 다시 부활하기 시작하였다. 특히 1998년 수하르토 정권 몰락이후, 인도네시아 정부의 화인 제한정책은 점차 완화되었다. 이러한 배경 속에서 인도네시아 화인사회는 중국어를 습득할 수 있는 화인학교 설립을 다시 추진하기 시작하였다. 이 책에서는 인도네시아 화인학교의 실태를 파악하기 위해 자카르타에 위치한 팔화학교(八华学校)를 직접 방문하여 조사를 진행하였다.

인도네시아에서 합법적으로 화인학교를 재건하는 대안은 "3중언어학교(三语学校, Trilingual School)"를 설립하는 것이다. 가장 오랜 역사를 자랑하고 대표성이 있는 학교는 1901년에 설립되어 전성기를 누리다가 1966년에

사진 3.5 인도네시아 팔화학교

46 耿红卫(2007), pp. 68-69.

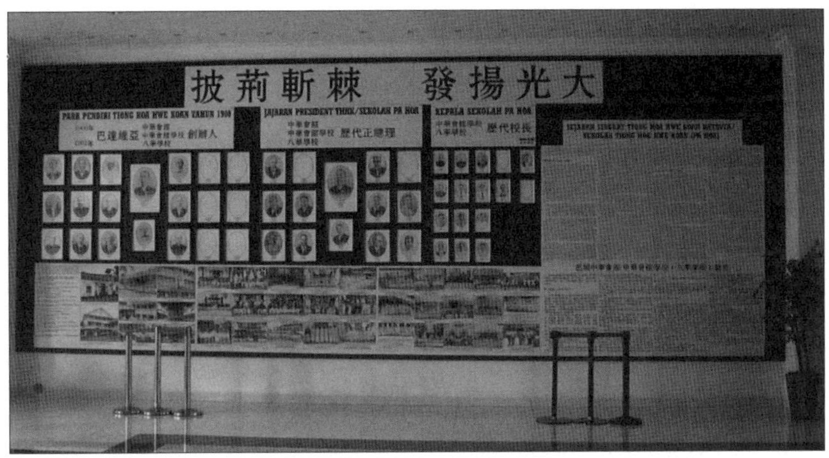

사진 3.6 인도네시아 팔화학교 내부사진

강제 폐쇄된 팔화학교[47]이다. 팔화학교는 1901년 중화회관이 설립한 학교이며, 중화회관학교 혹은 중화학교로 불렸다.

팔화학교는 강제 폐쇄된 42년 후인 2008년 인도네시아 화상(华商)들의 지원 아래 다시 설립되었다. 2014년 현재 팔화학교에는 초, 중, 고등학생 3,600여 명이 재학 중이며, 중국어뿐만 아니라 인도네시아어, 영어도 동시에 가르치고 있다. 팔화학교는 단순한 화인학교가 아니라, 인도네시아 실정에 부합되는 "3중언어학교"로 변모하였다.

> 량○성: 화인학교가 다시 설립되어서 너무 자랑스럽습니다. 현재 우리 학교에는 유치원생 800여 명, 초등학생 1,500여 명, 중학생 600여 명, 고등학생 600여 명이 재학 중입니다. 불과 6년 만에 모집된 학생들입니다. 그만큼 화인학교의 수요가 엄청난 것입니다(사례 5).

팔화학교는 인도네시아 화상의 지원으로 설립된 학교이지만, 엄격히

47 팔화학교라는 명칭은 자카르타 팔화거리에 위치해 있어 유래되었다.

사진 3.7 인도네시아 팔화학교 교실

구분하면 여전히 인도네시아의 국민 학교이다. 팔화학교는 인도네시아 국민교육체계에 분류되며, 개설과목과 교육내용은 반드시 현지 교육부서의 규정에 부합되어야 한다. 팔화학교를 비롯한 "3중언어학교"는 기존의 화문학교와 본질적으로 다르다. "3중언어학교"는 인도네시아 국가 이익과 사회 발전에 부합되는 다언어학교(multilingual school)이다. 학생들은 "3중언어학교"에서 인도네시아어, 영어, 중국어를 동시에 배우게 되는데, 이는 기존 화문학교와 같이 중국어로만 수업을 진행하지 않는다. 다시 말해, 중국어는 "3중언어학교" 수강과목 중의 하나이다.

> 량○성: 화인을 대상으로 하는 학교이지만, 교육부 인정을 받기 위해 국가규정에 따라 과목을 개설하고 있어요. 40여 년 전 화문학교와는 또 다르죠. 하지만 중국어를 가르칠 수 있다는 것이 큰 발전입니다. 정확한 중국어를 가르치기 위해 중국 본토로부터 중국어 선생님도 초빙했구요. … (웃음) … 중국어뿐만 아니라, 중국 전통 명절에는 축제도 하고, 민족 악기, 서예, 중국화(国画) 등도 가르치고 있어요 (사례 5).

사진 3.8 인도네시아 팔화학교 내부 사진

인터뷰에서도 나타나듯이, 현재의 화인학교는 40여 년 전의 화문학교와 달리 인도네시아 국가이익과 실정에 부합되는 새로운 모형의 화인학교이다. 화인 디아스포라는 "3중언어학교"를 통해 중국어를 가리치고, 민족문화를 계승하고 있으며, 제한된 범위 내에서 화인 어린이에게 민족정체성을 고양시키지만, 이 모든 것은 정부 규정에 어긋나서는 안 된다. 다시 말해, 인도네시아의 화인학교, 화문교육은 제한된 그리고 주류사회가 허용한 민족교육이다.

> 정○: 팔화학교에는 화인, 원주민, 중국 본토에서 온 중국어 선생님이 있어요. 하지만 그 비율은 반드시 규정에 따라서 조정해야 돼요. 원주민 선생님은 70%이상을 차지하고, 화인과 중국 본토 선생님은 30%를 초과해서는 안 돼요. 그리고 팔화학교에는 화인 학생뿐만 아니라, 중국어를 배우려는 원주민 학생들도 있어요(사례 6).

요컨대 인도네시아 화인학교는 화인만을 위한 학교가 아니며, 정부의 규제와 정책적 허용 범위 내에서 민족문화를 발전시키고 있다. 이는 인도네시아 국민으로서의 화인 디아스포라가 주류사회에 안정적으로 정착하고 나아가 민족문화를 발전시키기 위한 전략이라고 할 수 있다.

화인과 화문교육에 대한 인도네시아 정부의 제한정책은 대폭 완화되

사진 3.9 팔화학교 인터뷰 사진

었지만, 화인들이 현지에서 화인학교를 발전함에 있어서는 여전히 여러 가지 어려움에 직면하고 있다.

첫 번째가 바로 교직원 부족 문제이다. 1960년 수하르토 정권의 화문교육 제한정책 실행 이후부터 1990년대까지 30여 년간, 기존에 화문교육에 종사하던 교직원은 이미 정년하거나 다른 업종으로 직업을 변경해, 일부분만 화문교육 사업에 종사하고 있다. 따라서 현재 인도네시아 화인학교의 교직원은 극히 부족한 상황이다.

두 번째는 교재 문제이다. 인도네시아 정부의 강압적 동화정책으로 인해 화인사회는 큰 타격을 받았다. 1960년대 이전에 제작한 교재는 이미 사용할 수 없는 상황이며, 현재 학원이나 대학교에서 사용하고 있는 중국어 교재는 현지에서 편집하거나 싱가포르·말레이시아·중국(홍콩, 대만 지역)에서 수입한 교재로, 현지 화인학생 수준에 부합되지 않는 현상이 나타나고 있다. 그러나 화문교육이 30여 년 동안 중단된 상황 속에서 인도네시아 화인들이 현지 실정을 반영한 중국어 교재를 제작하기에는 여전히 역부족한 상황이다.

사진 3.10 팔화학교 중국어 학과

세 번째는 학생 부족 문제이다. 인도네시아 정부의 강압적 동화정책으로 인해 젊은 세대의 화인은 대부분 중국어를 구사하지 못하고, 종족갈등을 우려해 화인학교를 기피하는 현상이 있다. 따라서 현재 화인학교는 학생이 극히 부족한 어려움을 겪고 있다. 대부분의 인도네시아 화인학교는 중국어로 수업을 진행하는 것이 아니라, 한 두 개의 중국어 과목을 개설하는 방식으로 수업을 이어가고 있으며, 많은 화인 가정은 학원을 통해 자녀에게 중국어를 가르치고 있다.

화인학교는 중국계 이주민인 화인 디아스포라가 인도네시아로 유입한 이후, 민족언어를 유지하고, 전통문화를 계승하며, 그들만의 공동체를 구축하는 정착기제 중의 하나이다. 1960년대 이전, 인도네시아 화인사회의 노력으로 화인학교는 1,800개로 성장하는 등 커다란 발전을 이루어냈지만, 인도네시아 정부의 제한정책으로 인해 민족교육이 30여 년 동안 단절되기도 하였다. 1998년 수하르토 정권 몰락이후, 인도네시아의 화인학교는 다시 부활하고 있지만, 여전히 제한적인 민족교육을 추진하고 있다.

2) 화인단체[48]

화인단체는 인도네시아 화인사회가 성장하고 발전하는데 중요한 역할을 담당하였다. 화인단체는 화인신문, 화인학교 나아가 화인 네트워크가 구축될 수 있는 핵심 요인이며, 화인이 인도네시아에서 안정적인 기반을 마련하는 정착기제 중의 하나이다.

1900년 인도네시아에는 첫 화인단체인 중화회관(中华会馆)이 출범되었다. 화인회관이 설립된 이후, 인도네시아 전역에는 다양한 화인단체들이 우후죽순마냥 설립되었다. 예컨대, 인도네시아페라나칸연맹(印度尼西亚土生华人联盟), 인도네시아중화협회(印度尼西亚中华协会), 반둥남교문화학회(万隆南侨文化学会) 등이 대표적이다.

1945~1958년까지는 인도네시아 화인단체의 전성기이다. 특히 1949년 중화인민공화국이 설립된 이후 인도네시아 화인단체는 중국 대륙과 대만을 옹호하는 양대 진영으로 분열되었다. 화인사회의 분열에도 불구하고 화인단체는 학교를 설립하고, 화인신문을 출간하였으며, 정치활동을 통해 화인들의 다양한 정책적 수요와 의견을 반영하는 등 활발한 활동을 전개하였다. 화인단체의 이러한 활동은 민족 문화를 계승하고 화인 결속력을 강화하는데 중요한 역할을 하였다.

그러나 1958년 이후 특히 수하르토의 강압적인 동화정책이 추진되면서 인도네시아 화인단체는 대부분 해체되었다. 정부는 화문교육을 제한하는 방식으로 화인 디아스포라의 활동영역을 축소시켰으며, 또한 화인들의 재산을 압수하거나 기업을 원주민에게로 강제 양도하는 방식으로 화인단체에 대한 기업 지원을 차단하였다. 화인 기업은 화인단체의 가

48 김혜련 · 리단(2014), pp. 54-55.

장 주요한 후원자이다. 그들의 경영이 어려워지고 후원이 차단되자 화인단체는 해체되는 수밖에 없었다. 1967년에 제정된 "화인문제해결기본정책" 제37호 법령은 아래와 같이 화인단체의 활동을 규제하였다. "정부 인증 및 감독 하에 회원 수에 따라 일부 도시나 지역에서만 사회단체를 설립할 수 있다. 사회단체의 활동 범위는 의료, 위생, 종교, 장례, 운동, 오락(娱乐) 등 분야에서만 허용된다."[49] 여기서 말하는 사회단체는 화예(华裔)가 조직한 단체에 해당되며, 중국국적을 소지한 화교들은 사회단체를 결성하지 못한다. 비록 "화인문제해결기본정책" 제37호 법령은 화인들이 오락을 목적으로 한 화인단체 설립을 허용하였지만, 화인들의 문화예술단체는 존재할 수 없었다. 이는 정부가 화인들의 중국어 사용을 금지시켰고, 화인신문을 폐간시켰으며, 심지어 화인들이 민족전통과 문화풍습을 유지하는 것마저 허용하지 않았기 때문이다. 1958~1998년까지 인도네시아에서 활동할 수 있는 화인단체는 대부분 종친단체, 종교단체, 건강위생단체 등이었으며, 화인들은 원주민의 차별과 편견으로 인해 화인단체에 가입하는 것을 꺼려했다.

1995년 5월 이후 인도네시아 화인 디아스포라에 대한 제한이 점차 완화되자 화인의 이익을 대변하고 보호하며 화인들이 주류사회로 진출하도록 지원하는 다양한 화인단체가 설립되기 시작하였다. 1998년 이후에 설립된 인도네시아 화인단체는 500여 개나 되는데 그 유형도 아주 다양하다. 학연을 중심으로 한 화인단체(샤먼대학교 인도네시아 학우회), 혈연과 지연을 중심으로 한 종친회, 동향회(자카르타임씨종친회, 푸젠사회단체 등), 종교를 중심으로 설립한 단체(인도네시아화인기독교회, 인도네시아이슬람연합회 등), 경제 협력을 중심으로 설립된 업연단체(인도네시아중의협회, 인도네시아투자협회, 인도네시아 중화총상회 등), 화인의 정치이익을 대변하기 위해 설립된 종합적 사회단체(인도네시아화예총

---

49 廖建裕(1978), 『现阶段的印尼华族研究』, 新加坡教育出版社, p. 163.

회, 인도네시아백가성(百家姓)협회, 인도네시아객가연합총회) 등이 있다.[50]

현재 자카르타에서 가장 대표적인 화인단체는 인도네시아 신형제협회(印尼新兄弟协会), 인도네시아 융합협회(印尼融合协会), 인도네시아 백가성협회(印尼百家姓协会), 인도네시아 작가협회(印尼作家学会), 인도네시아 객가총회(印尼客属总会), 인도네시아 화예청년공정협회(印尼华裔青年公正协会), 인도네시아 화예총회(印尼华裔总会), 인도네시아 객가친목회(印尼客属联谊会), 인도네시아 중화자녀민족연합회(印尼中华儿女民族联合会), 민남동향친목회(闽南同乡联谊会), 인도네시아 차오저우향친공회(印尼潮州乡亲工会), 남안동향회(南安同乡会), 인도네시아 유상연합회(印尼儒商联合会), 인도네시아 매저우회관(印尼梅州会馆), 자카르타 중화중학교학우회(雅加达中华中学校友会), 인도네시아 화인문화인연합회(印尼华人文化人联合会), 자카르타 중학교학우회(巴城中学校友会), 인도네시아 유학회(印尼儒学会) 등이 있다(아래 표 참고).

표 3.15 인도네시아 자카르타의 대표적 화인단체

명칭	성립일자	성격
인도네시아 신형제협회(印尼新兄弟协会)	1998년 5월 13일	종합단체
인도네시아 융합협회(印尼融合协会)	1998년 9월 2일	종합단체
인도네시아 백가성협회(印尼百家姓协会)	1998년 9월 18일	종합단체
인도네시아 작가협회(印尼华人作家学会)	1998년 12월 12일	문화단체
자카르타 학우통합기구(全雅加达校友统筹机构)	1998년 12월 12일	학우회
인도네시아 객가총회(印尼客属总会)	1998년 12월 20일	종친단체
인도네시아 화예청년공정협회(印尼华裔青年公正协会)	1998년 12월	청년단체
인도네시아 화예총회(印尼华裔总会)	1999년 2월 5일	종합단체
인도네시아 객가친목회(印尼客属联谊会)	1999년 8월 10일	종친단체
인도네시아화 예공민연합회(印尼华裔公民联合会)	1999년 11월 10일	종합단체
인도네시아 중화자녀민족연합회 (印尼中华儿女民族联合会)	1999년 12월 2일	종합단체

50 丁丽兴(2009), "从被动适应到主动融入: 印度尼西亚华侨华人社团的历史演进", 『东南亚纵横』, pp. 26-27.

명칭	성립일자	성격
민남동향친목회(闽南同乡联谊会)	2000년 7월 26일	종친단체
인도네시아 차오주향친공회(印尼潮州乡亲公会)	2001년 3월 15	종친단체
남안동향회(南安同乡会)	2001년 6월 19일	종친단체
인도네시아 유상연합회(印尼儒商联合会)	2002년 1월 12일	문화단체
인도네시아 매저우회관(印尼梅州会馆)	2002년 2월 26일	종친단체
자카르타 중화중학교학우회(雅加达中华中学校友会)	2002년 3월 10일	학우회
인도네시아 화인문화인연합회(印尼华人文化人联合会)	2002년 5월 25일	문화단체
인도네시아 광자오총회(印尼广肇总会)	2002년 7월 21일	종친단체
자카르타 중학교학우회(巴城中学校友会)	2002년 9월 1일	학우회
인도네시아 유학회(印尼儒学会)	2002년 10월 5일	문화단체

출처: 黃昆章(2003), "印度尼西亚华人社团的现状和前景", 『世界民族』 2003年第6期, p. 59.

1998년 이후에 설립된 화인단체는 디아스포라로서의 이중적 적응전략이 내포되어 있다. 그들은 자신을 인도네시아에 뿌리 내린 새로운 화인단체로 인식한다. 화인단체 구성원은 자신을 "인도네시아 화인" 혹은 "화인"이라고 말한다. 수십 년 전 화교들이 자신을 "푸젠사람(福建人)", "광둥사람(广东人)", "산터우사람(汕头人)"으로 자칭한 시대와는 사뭇 다르다. 화인 디

사진 3.11 인도네시아 화인단체 – 객가연합총회

아스포라의 정체성이 변화됨에 따라 오늘날 인도네시아 국민으로서의 화인은 현지에 입각하여 주류사회에 진출하고 있으며, 사회구성원으로서 인도네시아에 뿌리를 내리고 있다. 화인단체는 더는 폐쇄된 화인만의 단체가 아니라, 원주민 구성원을 흡수하는 등 개방된 모습으로 인도네시아에 적응하고 있다. 즉, 현재의 화인단체는 강제로 현지에 동화되는 것이 아니라, 민족문화를 살리는 동시에 적극적으로 주류사회에 융합하려는 이중적 현지적응 양상을 나타내고 있다.

인도네시아 정부의 제한정책으로 인해 화인사회는 많은 변화를 가져왔다. 현재 인도네시아 화인단체는 새로운 특징을 나타내고 있다. 첫째, 화인단체의 성격이 달라졌다. 1966년 이전의 화인단체 대부분은 중국국적을 가지고 있는 화교들이 설립하였지만, 지금은 인도네시아 현지 국적을 취득한 화인이 설립한 단체이다. 다시 말해, 화인단체는 인도네시아 현지 사회단체의 일부분이며, 다른 종족과 같은 권리를 가지고 있는 동시에 국민으로서의 의무를 이행해야 한다는 것이다.

사진 3.12 객가연합총회 모임

둘째, 인도네시아 화인단체에는 종친단체와 학우회가 대부분을 차지하는데, 이러한 단체는 회원이 많고 규모가 크다. 예컨대 자카르타 중화중학교학우회의 회원은 1,700여 명에 이르며, 단체 모임에서 화인들은 중국어 표준어나 사투리를 많이 사용한다. 혈연, 학연, 지연은 화인단체를 유지하는 중요한 요소이다. 그러나 최근 인도네시아 현지 교육을 받은 젊은 세대 화인들은 중국어에 능통하지 않아 화인단체에 참여하지 않는다.

사진 3.13 화인단체 담당자 인터뷰 사진

> 구○원: 화인단체에 가장 큰 문제라면 젊은 사람이 없는 것입니다. 우리 세대 사람들은 그래도 단체에 와서 모임도 참여하고 하는데, 젊은 사람은 모임에 관심 없어요. 지금도 여기 모인 사람보면 다 나이 많은 사람이잖아요. … (웃음) … 젊은 사람은 중국어도 잘 모르고요. 집에서는 중국어를 가르치려고 하지만 학교에서 배우는 것이 없다보니까 못하더라구요. 단체가 유지되려면 젊은 사람이 있어야 하는데 걱정입니다(사례 9).

셋째, 업종을 중심으로 한 화인단체가 많지 않다. 현재 화인단체 중에는 중의(中医)협회 외에 아직 다른 업종의 화인단체가 구성되어 있지 않다. 이는 수십 년의 강압적 제한정책으로 인해 화인이 종사하는 업종이 점차 단일화되고 있다는 것이다. 대부분 화인은 중·소규모의 상업활동에 종사하고 있으며, 중소도시나 연해지역에 거주하고 있는 화인은 노동자나 농민으로 일을 하면서 생계를 유지하고 있다.

인도네시아 화인의 정착기제로서 화인단체는 화인 공동체를 유지하고, 현지 거주국에서 안정적인 삶을 영위하기 위해 다양한 역할을 수행하고 있다.

우선, 화인단체는 인도네시아의 화인 차별정책을 철폐하고 기타 종족과의 갈등을 완화하기 위해 다양한 노력을 하고 있다. 예컨대 『인도네시아화예총회 규정 및 세칙(印尼华裔总会章程及细则)』에는 화인이 국민으로서의 기본권리 취득을 위해 노력하는 것이 화예총회의 가장 주요한 목표라고 규정하였다. 화인단체는 학술회의를 개최하거나, 정부에 탄원하는 방식으로 화인 차별정책 철폐를 요구하고 있다. 구체적으로 화인을 차별하는 모든 법·조례를 폐지하고, 춘절(春节)을 법적 공휴일로 지정하며, 화문(华文) 사용 금지 등을 철폐할 것을 강력히 요구하고 있다. 화인단체의 꾸준한 노력은 여러 가지 성과를 취득하였다. 예를 들어, 2001년 1월 18일에 인도네시아 정부는 "공공장소에서 화인문화를 나타내는 것을 금지"하는 규정을 철폐하였고, 2001년 2월에는 중국어 도서나 잡지를 수입하는 금지령을 폐지하였으며, 2001년 8월에는 화인학교 설립을 허용하여 화문이 기타 외국어와 똑같은 지위를 가지고 있다고 선포하였다. 또한 2002년 2월, 화인의 전통명절인 춘절이 공휴일로 지정되었고, 7월에는 화인이 반드시 국적증명을 소지해야 한다는 규정을 폐지하였다.[51]

다음, 화인단체는 인도네시아 기타 종족과의 갈등을 완화하기 위해 적극적으로 화인문화를 홍보하고 있다. 일부 화인단체는 화인신문을 발간하고, 화인학교를 설립하는 방식으로 그들의 문화를 널리 알리고 있다. 예컨대 인도네시아작가협회는 『인화문우(印华文友)』라는 잡지를 발간하였고, 인도네시아문화인연합회는 『인화문원(印华文苑)』을 발간하였으며, 자카르타객가친목회는 2002년 7월에 숭덕학교(崇德学校)를 설립하여 중국어, 인도네시아어, 영어를 가르치고 있다. 화인단체의 이러한 노력으로 인해 화인

---

51 黄昆章(2003), "印度尼西亚华人社团的现状和前景", 『世界民族』 2003年第6期, pp. 60-61.

문화는 다시 부활하는 양상을 나타내고 있다.

마지막으로, 화인단체는 인도네시아 화인의 응집력을 강화하고 있다. 인도네시아에 홍수, 화재, 종족갈등이 발생할 때마다 화인단체는 화인을 동원해 이재민을 지원하였다. 더불어 화인단체는 다양한 친목회를 주최해 화인들의 네트워크를 강화하고 있다. 예컨대 2000년 11월 황씨호조회(黃氏互助会)는 자카르타에서 제11회친목회를 개최하였고, 2002년 11월 화인객가단체는 자카르타에서 전 세계 객가제17회친목회를 개최하였다. 화인단체는 이러한 활동을 통해 국내외 화인사회의 네트워크를 강화하고 있다.

화인단체는 이주민으로서의 화인이 인도네시아에 유입해 뿌리를 내리는 가장 중요한 정착기제 중의 하나이다. 1957년에 인도네시아에는 2,100개의 화인단체가 있었지만, 정부의 제한정책으로 인해 현재는 약 400여 개의 단체가 활동을 이어가고 있다. 이러한 화인단체는 인도네시아 화인사회의 응집력을 강화하는 역할을 할 뿐만 아니라, 정부의 차별정책에 적극적으로 대응하고 다른 종족과의 갈등을 완화하는 정착기제이기도 하다.

3) 화인신문[52]

화인신문은 인도네시아 화인 디아스포라가 서로 정보를 조달하고 화인사회 발전 양상을 보여주는 가장 중요한 매개체이다. 화인신문은 20세기 초반에 이미 창간되었으며, 1950년대 정부가 강제 폐쇄하기 전까지 전성기를 누렸다. 1957년 통계에 의하면, 인도네시아에는 총 18개의 화인신문이 발간되었었다. 그중에는 모국 분단으로 인해 중국 대륙을 지지하는 신문 8개, 대만을 지지하는 신문 8개, 그리고 중립을 지키는 화인신문 2개

52 김혜련 · 리단(2014), pp. 55-56.

사진 3.14 인도네시아 화인신문사 – 국제일보

가 있었다. 이러한 화인신문사는 매일 30만부에 이르는 화인신문을 발간하였으며, 인도네시아 전역으로 배송되었다. 1958년 4월 17일 정부는 친중국, 친대만 화인신문을 폐간시키고, 신문사 관련 담당자를 체포하거나 중국으로 강제 송환시켰으며, 1965년에는 모든 화인신문을 전부 폐간시켰다.[53] 이로 인해 화인신문 60여 년의 역사는 종지부를 찍었다.

1998년 5월 수하르토 정권이 몰락하고 화인에 대한 제도적 제한이 완화되자 인도네시아 전역에는 다시 화인신문이 발행되기 시작하였다. 2014년 현재 인도네시아에서 발행되고 있는 화인신문은 중앙신문 5개, 지방신문 3개로서 총 8개이다. 그중 중앙신문은 "국제일보(国际日报)", "인도네시아싱저우일보(印尼星洲日报)", "천도일보(千岛日报)", "인도네시아상보(印尼商报)", "신보(讯报)" 등이 있다. 비록 화인신문은 정부 허락 하에 다시 발간하게 되었지만, 여전히 여러 가지 어려움에 직면하고 있다.

리○평: (화인신문)다들 어려워요. 독자가 적다는 것이 가장 큰 문제죠. 40몇

53 李卓辉(2013), 『大江浩海印华风雨: 印华先辈建设印尼血泪历程』, 联通书局出版社, pp. 305-307.

년 동안 화인학교가 없었으니 요즘 젊은 사람들은 화문(华文)을 못 읽어요. 그래서 독자들이 50, 60대입니다. 독자들이 적다보니 광고도 잘 들어오지 않아요. 기업인들이 많이 지원하기는 하죠. … 사실 화인신문이 다시 발간된 것만으로도 너무 자랑스러워요. 다만 여전히 완전히 오픈된 것은 아닙니다. 정부 규정이 아직 남아있어요. 어떤 내용은 금지사항이에요 … (웃음) … (사례 11).

40여 년 만에 화인신문은 다시 발간되었지만, 화인신문을 읽을 수 있는 독자 규모가 작고, 광고 수입이 적어 경영난에 직면하고 있으며, 또한 중국어로 기사를 보도할 수 있는 젊은 화인이 없어 어려움을 겪고 있다. 또한 비록 정부 규제는 완화되었지만, 신문보도 내용에 대한 제한은 여전히 존재한다. 이러한 환경 속에서 화인 디아스포라들은 정부가 허용하는 범위 내에서 화인들의 정보와 문화를 전파하면서 그들만의 전략으로 적응해나가고 있다.

華夏 ORIENTAL

C1

廣東官場料大震盪

東莞掃黃考驗胡春華

身兼中央政治局委员的胡春华已批示，要求"像去年打击毒品一样扫黄"，相关责任人要严肃处理。

背后可能涉及权斗

嚴厲掃黃挖出保護傘

사진 3.15 화인신문 – 화하(华夏)

MAYAPADA GROUP

國信早報

Barito Pacific

M1 Wednesday February 12, 2014

2014年2月12日

王張會

兩岸新局面

사진 3.16 화인신문 – 국신조보(**国信早报**)

4. 인도네시아 화인사회 특징[54]

1) '보이지 않는' 화인사회

인도네시아 화인사회는 동남아 지역 기타 국가와 사뭇 다른 적응 양상을 나타낸다. 싱가포르는 물론 말레이시아, 태국 화인은 성공적으로 주류사회에 진출하였으며, 현지 원주민과 비교적 조화로운 관계를 형성해 거주국에서 안정적으로 정착하고 있다. 그러나 인도네시아 화인 디아스포라는 정부의 차별정책과 현지 원주민의 화인 혐오 정서로 인해 1,000만 명이라는 화인이 거주하고 있음에도 불구하고 '보이지 않는' 화인 디아스

54 이 부분의 내용은 김혜련 · 리단(2014), "갈등과 융합: 인도네시아 화인 디아스포라의 현지적응 연구", 『동북아문화연구』 제39집의 제3장, 제4장의 내용을 인용함.

사진 3.17 인도네시아 빤조란 차이나타운

포라 사회를 형성하고 있다.[55]

인도네시아 수도 자카르타 거리에는 화인 기업이나 중국식당의 특징인 한자 간판이 거의 보이지 않는다. 빤조란(Pancoran)과 망가두아(Mangga Dua) 차이나타운에도 몇몇 서점이나 식당 외에는 화인 간판이 걸려있지 않다. 이는 1998년 이전 정부의 한자금지 정책과 현지 원주민의 화인 배타 정서에서 기인한다. 심층면접 대상자와의 인터뷰에서도 이러한 문제점이 잘 나타난다.

---

55 김혜련 · 리단(2014), p. 47.

사진 3.18 빤조란 차이나타운 상가

루○쿤: 여기 사람들은 본인이 화인이라는 것을 잘 나타내지 않아요. 우리가 워낙 차별을 많이 받아서요. 현지 사람들은 우리가 다 부자인줄 알아요. 모든 돈을 우리가 벌고 있다고 생각하는 사람도 있죠. 그래서 회사 운영하는 사람이나 식당 주인들은 화인이라는 것을 강조하지 않아요. 이전에는 한자를 금지했고, 오래지내다 보니까 이제는 일부러 한자 간판을 걸지 않는 경우가 많아요(사례 3).

구○윈: 조심스럽게 살고 있는 느낌이에요. 여기 화인들은 박해를 많이 받았잖아요 … (침묵) … 그래서 화인이 어떻게 잘 살고 있다는 것을 보여주기보다는 여기 사람들과 똑같이 생활하고 있죠(사례 9).

사진 3.19 인도네시아 망가두아 차이나타운

더불어 수하르토 집권 이후 화인 디아스포라의 전통문화는 보존되고 육성된 것이 아니라, 이질문화로 취급되며 말살되었다. 따라서 원단(元旦), 중추절(中秋节)과 같은 전통 명절은 개인 가정에서 지킬 수는 있어도 공개적인 장소에서는 금지되었다. 이로 인해 자카르타에 위치한 화인 집단 거주지 빤조란, 망가두아 차이나타운은 화인들이 대거 이탈하여 현재는 화인보다 원주민이 더 많이 거주하는 유명무실한 차이나타운으로 변모해 가고 있다.

> 량○성: 화인들이 여기(차이나타운)서 많이 빠져나갔어요. 이전에는 명절마다 행사도 많이 했는데 점점 적어지고 있어요. … (침묵) … 여기에 오는 사람들도 다 노인들이에요. 이전 생각이 나서…(사례 5).

인도네시아에서 이러한 '보이지 않는' 화인 디아스포라 사회가 형성된 것은 그들의 동화현상을 설명하며, 또한 원주민으로부터 화인 신분으로

사진 3.20 망가두아 차이나타운 상가

인해 차별 받지 않으려는 적응 양상을 보여준다. 정부의 강압적 정책으로 인해 인도네시아 거리, 심지어 차이나타운에서도 화인들의 흔적은 뚜렷하지 않으며, 개인 가정에서도 그들은 중국어를 사용하지 않는다. 젊은 세대의 화인이 중국어에 능통하지 않기 때문이다.

2) 화인 디아스포라의 세대 간 단층(断层)

인도네시아의 화인 정책은 기본적으로 동화정책이었다. 화인들을 인도네시아 사회에 철저하게 융합시키기 위해 1966년 4월 정부는 모든 화문화교(华文学校)[56]를 폐쇄시켰다. 인도네시아 문화교육부의 통계에 의하

---

56 1960년대 폐쇄되기 이전의 화인학교는 화문학교로 지칭하는 것이 적절하다. 화문학교는 대부분 중국 국적을 소지한 화교들이 설립하고 운영한 학교이며, 현재 화인학교와 달리 모든 교과목을 중

면, 1966년 4월 정부는 총 629개의 화문학교를 폐쇄시켜 272,782명의 화인 학생들이 학교를 잃었으며, 6,468명의 교직원이 직장을 잃었다.[57] 화문학교의 폐쇄로 인해 학생들은 인도네시아어로만 수업하고 정부가 승인한 교과과정만 배우게 되었다. 합법적인 화문학교가 폐쇄되자 일부 화문학교 교사가 운영하는 중국어 학원이 설립되었지만, 규모가 작고 학생이 적어 경영난으로 인해 대부분 문을 닫고 말았다.

수하르토 정권은 화문학교를 폐쇄시켰을 뿐만 아니라, 공공장소에서 중국어 사용을 금지시키고, 전통명절 축제를 제한하였으며, 화인의 중국식 이름을 인도네시아 이름으로 바꾸도록 강요하였다. 정부의 강압적인 동화정책으로 인해 1950년대 이후에 태어난 화인은 화문교육을 받지 못하였기에 대부분 중국어를 구사하지 못한다. 이러한 폐쇄적인 교육정책은 1998년 수하르토가 집권할 때까지 이어졌다.

> 천○부: 저는 가톨릭학교를 다녔어요. 주변 화인친구들도 대부분 그렇구요. 저희 때는 화인학교가 없었어요. 일반 학교는 교육수준이 낮아서 부모님이 그쪽으로 보내셨죠. … 저는 주로 인도네시아어나 영어를 많이 사용해요(사례 1).

화문학교는 화인 디아스포라 구성원이 민족 언어와 민족 문화를 계승하는데 중요한 역할을 한다. 그러나 인도네시아의 폐쇄적이고 강압적인 교육정책으로 인해 젊은 세대 화인 디아스포라의 민족정체성은 약화되었으며, 인도네시아 사회로의 동화도 가속화되었다. 이는 화인 디아스포라 세대 간 단층 현상을 초래하였다.

국어로 가르치고, 중국과 관련된 역사, 문화 등을 가르쳤다.

57 梁英明(2013), "从中华学堂到三与学校－论印度尼西亚现代华文学校的发展与演变", 『华侨华人历史研究』 2013年6月第2期, p. 9.

사진 3.21 인도네시아 차이나타운의 화인 서점

> 량○성: 제일 안타까운 것이 젊은 사람들이 우리 민족 언어를 못한다는 것입니다. 저의 아들, 딸도 간단한 말은 알아듣는데, 유창하게 중국어를 못해요. 집에서는 인도네시아어를 하죠. 우리 문화에도 크게 관심 없어요 … 세대 간의 차이가 점점 커지고 있어요(사례 5).

> 리○머우: 서점에 와서 중국어책 찾는 사람은 다 어르신이에요. 다들 퇴직해서 경제적으로 어려우니까 자식 몰래 약값, 병원비 아껴서 책 사러 와요. 자식들은 우리 이런 정서 이해 못해요(사례 8).

상술한 바와 같이, 젊은 세대 화인이 중국어를 구사하지 못하고, 민족 정체성이 약화되었으며, 기존 세대와의 차이가 확대된 것이 현재 인도네시아 화인 디아스포라 사회의 현실이다. 특히 젊은 세대의 화인 디아스포라는 인도네시아 국민으로서 정체성이 강하게 나타난다. 이는 그들이 현지인이라는 성격이 강하게 표출되고 있음을 설명한다.

3) 이방인으로서의 화인 디아스포라

인도네시아는 300여 개 종족으로 구성된 다종족국가이다. 주로 자바섬, 수마르타, 칼리만탄, 술라웨시, 이리얀 자야 등 1,700여 개의 섬에 흩어져 거주하고 있으며, 회교, 개신교, 가톨릭, 힌두교, 불교 등 다양한 종교가 공존하고 있다. 화인은 전체 인구의 약 2.5%를 차지하는 소수자이다. 인도네시아 정부는 동화주의 정책으로 화인을 주류사회에 통합시키려는 노력을 기울였지만, 원주민과 동등한 정치·사회적 권리를 부여하지 않았다. 인도네시아 화인은 현지에서 태어난 동등한 국민임에도 불구하고, 정치활동으로부터 철저하게 배제되었으며, 사회·문화적으로도 타자화를 경험하게 된다. 화인들의 현지정부에 대한 충성심은 항상 의심을 받아왔다. 식민지시기 중개인으로 경제적 부를 축적했던 화인들은 원주민의 불신과 정부의 불평등 정책으로 동화도 아니고 분리도 아닌 이방인으로 살아가고 있다.

> 천○밍: 저는 어렸을 때 왜 나는 다른 사람과 다를까라는 생각을 했었어요. 가톨릭학교를 다녔는데, 다른 학생들과 생김새도 다르고 습관도 너무 달랐어요. … 어렸을 때부터 '지나(支那)'라면서 놀림 많이 받았어요. '지나'라는 말을 들을 때마다 화가 나죠(사례 10).

> 저우○싱: 아무래도 우리가 외래인(外来人)인이니까 차별 많이 받죠. 할아버지 할머니 세대는 인도네시아어를 못해서 더 심했어요. … 그리고 아시다시피 화인들을 겨냥한 폭동이 여러 번 있었잖아요. … (침묵) … 모든 화인들이 기억하고 싶지 않은 아픈 기억이죠(사례 4).

화인들의 차별 경험은 개인적 기억으로만 남는 것이 아니라, 화인 집단에서 끊임없이 유포되면서 집단의 기억이 된다. 인도네시아 사회의 배타성에 따른 피해와 그의 저항의식은 화인 자녀들에게도 전달되어 후속 세대들 역시 부정적인 이미지를 형성하고, 주류사회에 완전히 융합되지 못하는 고충을 겪는다.

1998년 이후 정부의 화인 규제정책이 점차 완화되면서 화인에 대한 주류사회의 차별도 약화되는 경향이 나타나고 있으나, 전반적으로 볼 때 화인 디아스포라 집단은 여전히 사회적인 배제와 차별로 인해 진정한 구성원으로 융합되기 어려운 현실에 직면하고 있다. 따라서 화인 디아스포라는 인도네시아에서 이방인으로 취급되는 갈등 과정과 또한 정부 동화정책으로 인해 주류사회에 융합되는 모순적인 현지적응 과정을 경험하고 있다.

사진 3.22 인도네시아 화인사원

사진 3.23 화인사원 금덕원

4) 화인 디아스포라의 현지화

현재 인도네시아에 정착한 화인 디아스포라는 현지 국적을 취득한 인도네시아 국민이다. 화인 디아스포라는 갈등과 융합을 반복하면서 몇 세대의 적응 과정을 거쳐 현지에 뿌리를 내렸다. 그들은 비록 차별과 타자화를 경험하지만 이미 인도네시아 국민이라는 국가정체성을 강하게 나타내고 있다.

루○쿤: 화교와 화인은 다르죠. 저는 할아버지가 여기로 이주하셨는데, 분명히 저는 화인입니다. … (웃음) … 저는 화문(华文)을 좋아하고 우리 전통 문화도 좋아해요. 글도 화문으로 쓰고, TV도 중국 방송을 봐요. 하지만 저는 중국인이 아니라, 화인입니다. 중국을 좋아해서 중국 책을 읽고, TV를 보는 것이 아니라, 전통 민족 문화를 좋아하는 거죠(사례 3).

인터뷰에서 볼 수 있다시피, 현지에서 태어나고 자란 화인 디아스포라는 확고한 국민정체성을 가지고 있다. 즉, 그들은 화인이라는 민족정체성을 가지고 있는 동시에 인도네시아 국민이라는 것을 강조한다. 다시 말해, 인도네시아 화인 디아스포라는 현지화 과정을 통해 법적지위는 물론 심리적으로도 이미 화교에서 화인으로의 신분전환을 완성하였다. 화인 디아스포라의 이러한 현지화에는 거주국 정부의 동화정책과 모국의 현지화 정책이 동시에 작용한 산물이라 할 수 있다.

(1) 인도네시아의 화인 동화 정책

인도네시아 독립 이후 1950년부터 1959년까지 수카르노(Sukarno) 정권은 대의제 민주주의를 표방하여 공개적이고 공식적인 정당 체제를 구축함으로써 협상과 타협의 방식으로 종족 갈등 문제를 해결하고자 하였다. 그리고 1959년에는 군부의 도움을 받아 교도민주주의(Guided Democracy)를 출범해 빤자실라(Pancasila)[58]를 기본이념으로 민족문제를 대응하였다. 그러나 교도민주주의는 결국 대통령에게 절대적인 권력을 부여하는 독제 체제를 초래하였으며 수카르노는 강압, 설득, 흡수의 방법으로 민족집단을 대처하였다.[59] 이 시기 수카르노 정권은 화인들의 재산을 압수하는 등 경제적으로 탄압하였지만, 정치 혹은 문화적으로는 수용적이었다.

1966년 수하르토(Suharto)가 쿠데타를 통해 대통령이 되자 인도네시아는 신질서(New Order)시대를 맞이하게 된다. 수하르토가 집권한 1998년까

58 빤자실라(Pancasila)는 민족주의, 국제주의, 민주주의, 사회정의, 신에 대한 믿음 등 5개 원칙을 의미한다. 박경태(2009), "'화교'에서 '화인'으로: 식민시기와 냉전시기 인도네시아의 화인 정책", 『다문화사회연구』 제2권 제2호, p. 50.

59 윤인진 · 이유선(2002), "인도네시아의 민족관계: 화교를 중심으로", 『아세아연구』 제45권 제2호, pp. 265-266.

지 인도네시아 정부는 화인을 현지사회로 편입시키기 위해 강압적인 동화정책을 실행하였다.

첫째, 소극적이고 강압적인 정당정책으로 화인의 정치활동을 제한하였다. 독립이후 민족주의 정서가 고조됨에 따라 인도네시아 정부는 화인 디아스포라의 충성심을 의식하기 시작했고, 그들의 자본과 네트워크에 위기감을 느끼게 되었다. 따라서 현지 정부는 화인 디아스포라 참정권은 결국 원주민의 정치적 권리에 위협이 될 것이라고 판단하고, 모든 화인 정치단체를 해산시켰다. 화인 디아스포라는 이등시민으로 취급되었으며, 모든 정당 활동으로부터 완전히 분리되었다.

둘째, 차별적인 경제정책으로 화인 디아스포라의 경제활동을 제한하였다. 식민주의시기 현지사회와 식민지 지배자사이의 중개자로서 자본을 축적한 화인 디아스포라는 원주민의 상대적 박탈감과 적대감으로 인해 경계의 대상이 되었다. 인도네시아 정부는 다양한 규제를 통해 화인 디아스포라의 이러한 경제적 우위를 약화시켰다.

셋째, 엄격한 사회·문화·교육 정책으로 화인 디아스포라를 인도네시아 주류사회로 동화시켰다. 독립이후 특히 수하르토의 신질서 시기, 정부는 국민정체성을 강조하면서 강압적인 동화정책을 실행하여 화인 디아스포라를 주류사회로 융합시켰다. 우선, 정부는 화인 디아스포라 구성원이 종교를 변경해 이슬람에 가입하도록 강요하였다. 인도네시아 정부는 종교적 동화를 가장 효과적인 방법으로 간주하였다. 다음, 화인 디아스포라의 중국식 이름을 인도네시아 현지 이름으로 개명하도록 강요하고, 신분증에 특수한 부호를 표기함으로써 그들을 차별화하였다. 또한 1966년 '임시국민의 자문기구 결의안'을 작성해 모든 중국어 신문사를 폐쇄하고 화인단체를 해산시켰으며, 상점과 회사 간판의 중국어 사용을 금지시켰다. 더불어 화인 디아스포라의 종교적 자유와 전통 민족 문화를 엄격하게 제한하여 공공장소에서 그 어떤 중국 전통 종교의식이나 축제를 진행하지 못하도록 제한하였다.

인도네시아 정부의 이러한 강압적 동화정책으로 인해 화인 디아스포라의 민족정체성은 약화되어 점차 현지화 되었으며, 스스로 인도네시아 국민으로 동화되었다. 즉, 중국 국적의 화교로부터 인도네시아 국민인 화인으로의 신분전환이 이루어졌다.

(2) 중국의 화인 현지화 정책

화교로부터 화인으로의 신분전환 과정에는 모국 정책이 중요한 변수로 등장한다. 해외 180여 개 국가에 산재해 있는 화인 디아스포라에 대한 중국 정부는 시대에 따라 서로 다른 정책을 추진하였다.

1949년 중화인민공화국이 건립된 이후부터 1955년까지 중국 정부는 화인 디아스포라에 대해 국가의식을 주입시키고, 그들의 역량을 활용한다는 원칙 하에 "화교출입국임시시행방법(华侨出入国境暂行办法)", "귀국기술자초대방법(关于回国技术人员招待办法)", "중국은행화교송금우대및교포를위한서비스대안(中国银行优待侨汇及为侨胞服务办法)", "화교송금보호정책에관한명령(关于保护侨汇政策的命令)" 등을 통해 화인 디아스포라의 모국 송금을 적극 추진시켰다. 중국 정부의 이러한 정책으로 인해 화인 디아스포라의 국가의식은 효과적으로 주입되었고, 모국에 대한 송금 또한 안정적으로 상승하였다.[60] 보다시피 건국 초기 중국 정부는 해외에 거주하는 화인 디아스포라를 본국 국민으로 인정하고 국가의식을 주입시킴으로써 적극적으로 활용하였다.[60]

중국 정부의 화인 디아스포라 현지화 정책은 1955년부터 시작되었다. 1955년부터 개혁개방 이전까지 중국정부는 현지 거주국 지향적인 뿌리내리기(落地生根) 정책, 즉 현지화 정책을 적극적으로 추진하였다. 인도네시아 독립 이후 현지에 거주하고 있는 화인 디아스포라는 거주국으로부터 국적을 부여받았다. 중국 국적을 소지한 화인 디아스포라가 인도네시아 국적

---

60 최승현(2003), "현대 중국 교민정책에 대한 소고: 외적화인에 대한 정책을 중심으로", 『중국학논총』 제16호, p. 198.

을 갖게 되자 현지 정부와 주류사회로부터 심각한 의심을 받게 되었다. 몇 세대를 걸쳐 인도네시아에 정착하면서 안정적인 경제적 기반을 마련하였음에도 불구하고 화인 디아스포라는 여전히 강력한 민족정체성을 유지하고 있기 때문이다. 화인 디아스포라 충성심에 대한 의심은 인도네시아 정부의 정책적 배척으로 이어졌으며, 현지 반화폭동의 도화선이 되었다.

이러한 배경 속에서 1955년 반둥회의에서 중국 정부는 인도네시아와 "중화인민공화국과 인도네시아공화국 이중국적 문제에 관한 조약(中华人民共和国和印度尼西亚共和国关于双重国籍问题的条约)"을 체결하여 인도네시아에 거주하고 있는 화인 디아스포라로 하여금 두 국적 가운데 하나만 선택하도록 명문화하였다. 중국 정부는 화인 디아스포라의 현지 국적 취득을 적극 장려하였으며, 거주국에 충성할 것을 요구하였다. 결국 인도네시아 정부의 동화정책과 중국정부의 현지화 정책으로 말미암아 90% 이상의 화인 디아스포라는 인도네시아 국적을 취득하였으며, 현지로의 문화적·민족적 동화가 본격적으로 시작되었다.[61]

중국정부의 뿌리내리기 정책은 화인 디아스포라 현지화에 촉매 역할을 하였다. 화인 디아스포라는 중국 국적을 가진 화교에서 현지사회에 동화된 화인으로 신분전환 되었으며, 이에 따라 그들의 민족·문화적 동화도 확대되었다.

요컨대, 인도네시아는 300여 개 종족으로 구성된 다종족 국가이다. 인도네시아 정부는 빤자실라를 국가통합 이념으로 표방하여 민족정책을 추진하였지만, 현실적으로 분리와 차별적 시각으로 이주민을 접근하였다. 그 결과 종족 집단 간의 반목과 갈등이 양산되었으며, 특히 화인 디아스포라는 동화도 분리도 아닌 이방인으로 살아갔다. 그들은 정부의 중국어 사용 금지 등 제한정책으로 인해 '보이지 않는' 화인 디아스포라 사회를 형성

---

61 최승현(2003), pp. 200-201.

하고 있으며, 화인학교 폐쇄로 인해 젊은 세대 화인 디아스포라가 중국어를 구사할 수 없는 등 세대 간 '단층' 현상이 나타나고 있다.

이러한 배경 속에서 인도네시아 화인 디아스포라는 이중적 적응 전략으로 갈등과 융합의 과정을 반복하면서 현지에 정착하고 있다. 그들은 탈영토적 경계에 걸쳐있는 디아스포라 집단으로서 인도네시아 현지인이라는 위치와 민족적 성격과 문화를 지닌 화인으로서의 위치를 동시에 지니는 이중적 입장을 보이고 있다. 즉, 거주국의 동화정책과 모국의 현지화 정책, 그리고 원주민의 차별 속에서 인도네시아 국적을 취득함으로써 화교로부터 화인으로의 신분전환을 완성하였다. 따라서 현재의 화인 디아스포라는 인도네시아 국민으로서 현지인이라는 성격을 지니고 있다.

다른 한편, 정부의 화인 제한정책이 완화되자 그들은 화인학교를 설립하고, 화인단체를 구성하며, 나아가 화인신문을 발간하는 것을 통해 민족화를 실현하고 있다. 이는 화인 디아스포라가 화인이라는 민족적 특성을 지니면서 현지에 정착하고 있음을 설명한다. 다만 이러한 민족화는 모국을 지향하는 '중국화'이라기보다는 그들만의 문화와 전통을 이어가는 인도네시아 화인들만의 민족적 성격이라는 것이다. 또한 화인의 민족화는 정부 혹은 주류사회가 허용하고 용납할 수 있는 일정한 범위의 민족화이다.

인도네시아 화인은 이중적 입장이라는 디아스포라 전략으로 현지 사회에 정착하고 있다. 그들의 이러한 이중적 전략은 화인으로 하여금 인도네시아 현지인이라는 성격과 화인이라는 민족적 특색을 동시에 지니도록 한다.

제4장
말레이시아 화인 디아스포라의 현지적응과 정착기제

말레이 반도는 남중국해와 인도양 사이에 위치한 오랜 해상 무역의 중심지로, 일찍부터 이주민이 유입되었다. 말레이 반도의 주요 국가인 말레이시아는 인구가 3,094만 명에 이르는 아시아의 대표적인 다문화 국가로 다종족·다종교·다언어의 나라이다. 말레이시아는 말레이인, 화인, 인도인을 비롯한 다양한 종족으로 구성되었으며 각 종족은 서로 다른 문화, 전통, 관습을 지니고 생활하면서 그들만의 고유성을 유지하고 있다.[1]

말레이시아는 13개 주와 1개 연방주주, 쿠알라룸푸르·라부안·푸트라자야 등 3개 시로 구성되었다. 말레이시아는 원주민과 이주민을 구분하기 위해 국내 다양한 종족을 부미푸트라(Bumiputra)와 비부미푸트라(Non-bumiputra)로 이분화하고 있다. 부미푸트라는 '흙의 자손'이라는 뜻으로 말레이시아 토착민을 의미하며, 비부미푸트라는 외부에서 유입된 이주민을 지칭하는 용어로, 주로 중국계와 인도계를 비롯한 이주민을 가리킨다.[2]

말레이시아는 동남아지역에서 싱가포르를 제외한 화인 비율이 가장 높은 나라이다. 말레이시아 인구조사 보고에 의하면, 2010년 기준 말레이시아에는 약 640만 명의 화인이 거주하고 있는데, 이는 말레이시아 전체 인구의 24.6%를 차지한다.[3] 화인의 말레이시아 이주는 당나라시기부터 그 흔적을 찾아 볼 수 있으나, 본격적인 대규모 이주는 명나라시기부터 시작되었다. 말레이시아 화인은 대부분 중국 푸젠(福建), 광둥(广东), 광시(广西), 하이난(海南)지역 출신이며, 그들은 모국에 대한 '집합적 기억'을 중심으로 화인사회를 형성하고 있을 뿐만 아니라, 상호보완적 네트워크를 구축하고 있다. 다종족·다문화국가 말레이시아에서 화인 디아스포라는 현지적응을 통해 진정한 사회구성원으로 성장하여 주류사회에 진출하였다. 비록 그들은 말레이시아 국민으로서 확고한 국민정체성을 지니고 있지만, 화인

---

1 임은진(2016), "국제적 인구 이동에 따른 말레이시아의 다문화사회 형성과 지역성", 『한국도시지리학회지』 제19권 2호, pp. 91-92.

2 임은진(2016), p. 93.

3 中國僑網. http://www.chinaqw.com/(검색일: 2016. 11. 20.)

협회·화인학교·화인신문사 등을 중심으로 그들만의 민족공동체를 형성하고 있다.[4]

1. 화인의 말레이시아 이주 역사

1) 화인 이주사

중국 역사에서 배출한 화인 디아스포라의 동남아시아 이주는 오랜 역사를 가지고 있다. 진시황이 불사약을 구하기 위해 서복(徐福)을 파견한 기록에서부터 반고(班固)의 『한서(汉书)』에 이르기까지, 또한 『삼국지(三国志)』, 『양서(梁书)』 등에는 모두 중국계 이주민의 동남아 진출 관련 기록이 있다.[5]

5~6세기에 이르러 불교를 숭상하던 중국 왕조와 동남아시아 통치자들의 공식적인 왕래가 빈번해짐에 따라 중국인의 동남아 진출도 활성화되었다. 또한 말레이 반도는 다양한 향신료와 천연자원이 풍부해, 당나라 시기에는 향료와 약재 교역이 확대되어 말레이 반도의 경제에 영향을 미쳤다.[6] 당나라시기에 말레이 반도로 진출한 중국인은 상업 활동을 주요한 목적으로 한 상인이 대부분이었으며, 대규모 이주 및 정착은 이루어지지 않았다.

명나라 영락제(永乐帝)에 이르러 정화(郑和)의 7차례 해양 원정으로 인해 중국인의 말레이 반도 이주가 활발해졌다. 정화의 원정대는 말레이 반도, 인도네시아를 비롯한 동남아는 물론 인도, 중동, 동아프리카를 포함한 37

---

4 김혜련(2015), "말레이시아 화인 디아스포라의 모국관계 연구", 『민족연구』 제61호, p. 81.

5 홍재현(2008a), "말레이시아 화교의 특성", 『중국인문과학』 제38호, p. 428.

6 홍재현(2008a), p. 428.

사진 4.1 말라카 정화문화관(**郑和文化馆**)

개국을 방문해 명나라의 파워를 과시하였다. 정화의 해양 원정으로 인해 말레이 반도에는 점차 화인 공동체가 형성되고 화인사회가 조성되었다. 말레이 반도에서 정화가 가장 먼저 상륙한 곳이 바로 말라카이다. 현재 말라카에는 여전히 정화와 관련된 역사적 흔적이 남아 있으며, 차이나타운에는 정화문화관(郑和文化馆)이 설립되어있다.

화인이 말레이시아로 본격적으로 유입된 것은 15세기이다. 화인이 처음 공식적으로 말레이 반도에 들어온 것은 15세기 말라카왕국에 들어온 푸젠 출신 무역 상인이라고 기록되어 있다.[7] 당시 해상 무역로를 따라 현

---

7 임은진(2016), p. 94.

지에 왔다가 말라카지역에 정착한 중국계 이주민은 말레이시아 현지사회에 깊숙이 동화되어 중국 문화와 말레이문화가 결합된 독특한 문화인 페라나칸(Peranakan) 공동체를 형성하였다. 그들은 객가방언과 말레이어가 혼합된 페라나칸 방언을 주로 사용하였으며, 음식과 복식에도 고유한 중국식에 말레이식 특성을 가미하여 페라나칸 특유의 문화를 형성하였다. 18세기 중엽 네덜란드가 실시한 인구조사에 의하면 말라카지역에는 약 2,000명의 페라나칸이 거주하고 있었다.[8] 페라나칸은 대체로 명·청 시기에 말레이 반도로 유입된 중국인의 후예로 수 세대에 걸쳐 독자적인 문화습관을 갖게 되어, 19세기 이후 대규모로 이주한 화인과는 또 다른 존재이다. 식민시대 이전에 유입된 페라나칸은 중국 문화와 현지문화가 혼합된 융합체이다. 그들은 현지 말레이인과 다른 중국적인 정체성을 가지고 있었으며, 초기 페라나칸 남성은 변발, 중국명, 유교적 가치관, 의례적 습관 등 중국적인 문화특성을 유지하고 있었다.[9]

중국계 이주민이 대규모로 말레이시아로 유입한 시기는 영국 식민지 시대인 1860년대부터 1930년대 사이에 이루어졌다. 제1차세계대전 이후 전후(战后) 복구와 미국 및 유럽에서 본격화된 자동차 산업은 말레이산 고무와 주석에 대한 폭발적인 수요를 가져왔다. 영국은 말레이 반도에서 대량의 주석을 생산하기 위해 중국인을 광산 노동자로 끌어들였다.[10] 이 시기 중국은 아편전쟁의 여파로 극심한 경제적 어려움에 직면하였다. 빈번한 전쟁과 자연재해, 인구과잉과 실업으로 인해 생계를 유지하기 위한 중국인은 어쩔 수 없이 해외로 이주하기 시작하였다.

단기 계약노동자 즉 계약화공(契约华工)으로 유입된 중국인 가운데 상당수는 계약기간 만료 후 모국으로 돌아갔지만, 현지에 남은 중국인은 말레

---

8 홍재현(2008a), p. 429.

9 이덕훈(2011), 『화교경제의 생성과 발전』, 글누리, p. 54.

10 임은진(2016), p. 94.

사진 4.2 말레이시아 쿠알라룸푸르 차이나타운

이시아에 정착하여 거주국 사회에 편입되었다. 화인들은 그들의 근면함과 성실함으로 주석광산 개발에 참여하였으며, 상업과 농업분야로 활동범위를 확대해 대규모 사탕수수농장과 고무 농장을 운영하기 시작하였다. 화인들은 셀랑고르(Selangor), 페락크(Perak)의 주석광산지역으로부터 사바(Sabah), 사라왁(Sarawak)의 상업지역에도 세력을 확장해 말레이시아 경제활동의 대부분을 장악하였다.[11] 말레이시아 화인은 활발한 경제활동을 기반으로 그들만의 민족집거지를 형성하고 있을 뿐만 아니라, 민족언어와 전통문화를 유지하여 화인 공동체를 구축하고 있다. 현재 말레이시아 쿠알라룸푸르, 말라카, 페낭 등 지역에는 모두 차이나타운이 조성되어 있다.

---

11 홍재현(2008a), p. 430.

사진 4.3 말레이시아 말라카 차이나타운

2) 화상자본의 축적

최근 글로벌 경기침체 속에서도 중국·홍콩·타이완·동남아 화상들의 주요 활동 무대인 중화경제권이 세계 경제 성장의 엔진으로 부상하고 있다. 중화경제권의 경제규모는 정확한 집계를 내기 어렵다. 다만 중국, 홍콩, 마카오, 타이완 등 네 개 지역만 보더라도 2011년 전체 면적은 963.7만km^2(세계의 7.2%), 인구는 13억 8천만 명(세계의 20%), GDP 규모는 7조 7763억 달러(세계의 11.5%)에 달한다. 2000~2009년 10년 간 중국, 홍콩, 마카오, 타이완의 국내총생산 연평균 성장률은 각각 10.3%, 4.2%, 12.4%, 2.7%를 기록해 세계 평균 2.6%보다 높다.[12] 중화경제권에서도 꾸준한 경제성장을 이루고 있는 말레이시아를 주목할 필요가 있다. 말레이시아에서 화인

---

12 IMP, World bank; 리단 · 김혜련(2012), p. 132 재인용.

은 말레이인 다음으로 현지사회에 지대한 영향력을 행사하는 종족이다. 화상은 말레이시아 현지에서 든든한 경제적 기반을 마련하고 있으며, 다른 종족에 비해 경제적 우위를 차지하고 있다.

말레이시아를 비롯한 동남아 지역에서 화상자본이 본격적으로 형성되기 시작한 것은 19세기 말부터이다. 당시 동남아로 유입한 화인은 경제적 빈곤으로 인한 이주자들이 대부분이었다. 그들은 처음부터 상업 활동에 종사한 것이 아니라, 노동에 의한 생계유지가 경제생활의 중심이었다. 그 이후 화인들은 점차 노동으로 축적한 자본으로 생필품을 판매하는 소규모 상업에 종사하기 시작하였고, 나중에는 이를 토대로 상업 영역으로 활동을 확대하였다. 특히 식민지배 하에 있던 동남아 국가들은 농업과 어업을 중심으로 한 전통산업에 종사하고 있었는데, 화인들은 식민지배자와 원주민을 매개하는 중개자 역할을 담당하면서 자본을 축적하기 시작하였다. 화인들의 이러한 중개자 역할은 제2차세계대전 이전까지 지속되었다. 1960년대 이후 세계 경제가 발전함에 따라 동남아지역 화인도 점차 전통적인 소상업과 수공업에서 다양한 업종으로 영역을 확대하였다. 화인들은 소매상에서 도매상, 수출입상으로 성장했을 뿐만 아니라, 금속, 차량, 기계, 의류, 고무, 건축자재, 석유화학, 전자, 전기 등 수많은 제조업으로 경제활동을 확대해나갔다. 그리고 서비스 업종에서는 은행, 부동산, 음식점, 부동산, 항공운수, 관광 등 업종에도 진출하였으며, 컴퓨터, 반도체, 통신 등 첨단산업에도 영향력을 확대하였다.[13] 말레이시아 화인도 마찬가지이다. 오랜 현지적응 과정을 거쳐 말레이시아 화인은 다양한 업종에 진출해 거대한 화상자본을 축적하였다.

샤먼대학교 좡궈투(庄国土)교수의 조사에 따르면, 2008년 말레이시아 현지 화상의 자본 총액은 1,500억 달러에 이른다.[14] 말레이시아 화상은 주

---

13 이재유 · 허흥호(2008), 『화교기업과 중국경제』, 한국학술정보, pp. 37-38.

14 刘文正(2013), "21世纪初马来西亚华商的经济地位", 『东南亚纵横』 2013年7期, p. 53.

로 농업, 광산업, 건축업, 도소매업, 운수업, 서비스 업종에서 우세를 차지하고 있으며, 특히 농업, 도소매업, 광산업에서는 52.9%, 50.1%, 39.5%를 차지한다. 그러나 현지 핵심 업종인 금융업, 공공시설, 제조업에서는 화상 비율이 10.2%, 8.9%, 24.5%로 낮게 나타났다.[15] 이러한 현상이 나타나는 원인은 말레이시아 정부가 20년에 걸쳐 원주민을 우대하는 신경제정책을 추진하였기 때문이고, 다른 하나는 금융업, 공공시설, 제조업 분야에서 장기적으로 외국자본이 우세를 차지하였기 때문이다.

말레이시아에서 화인이 운영하는 기업이 우세를 차지하고 있다. 『포브즈(Forbes)』의 통계에 의하면 2010년 말레이시아 10대 부호 중 8명이 화인이며, 1위는 자산이 120억 달러에 이르는 화상 궈허넨(郭鶴年)이다. 말레이시아 화상의 경제실력을 입증하는 또 하나의 통계수치는 상업 건물

표 4.1 2010년 말레이시아 10대 화인 부호(富豪)

순위	이름	자산규모 (억달러)	업종	기업
1	궈허넨(郭鹤年)	120	복합	郭氏兄弟集团
2	리선징(李深静)	46	복합	凯业集团
3	리진화(李金花)	39	카지노	云顶集团
4	궈링찬(郭令灿)	38.5	복합	丰隆集团(马)
5	정훙뱌오(郑泓标)	38	은행	大众银行集团
6	양중리(杨忠礼)	25	복합	杨忠礼集团
7	천즈웨엔(陈志远)	16	복합	成功集团
8	장샤오칭(张晓卿)	12	목재업, 신문사	常青集团
9	리아이센, 리샤오센 (李爱贤, 李孝贤)	5.6	복합	吉隆坡甲洞集团
10	치우더싱, 치우즈밍 (丘德星, 丘志明)	4.8	임업	三林林业集团

출처: 刘文正(2013), "21世纪初马来西亚华商的经济地位", 『东南亚纵横』 2013年7期, p. 53.

15 刘文正(2013), p. 53.

규모이다. 말레이시아 정부의 통계에 따르면, 2005년 기준 화상이 가지고 있는 건물이 총 181,157개로 집계되었는데 이는 전체 상업 건물의 71.9%를 차지한다.[16]

2. 현지적응 실태

1) 언어[17]

국제이주를 통해 거주국에서 새로운 삶의 터전을 개척한 디아스포라 집단에게 있어서 언어능력과 같은 의사소통 기술은 거주국 사회로의 적응을 위한 필수도구이며, 동시에 이주민이 거주국에서 민족정체성을 형성하고 공동체를 유지하는 기반이라고 할 수 있다.

말레이시아는 화문교육이 활성화되어 초등학교부터 중학교, 전문대학교, 대학교에 이르기까지 완전한 교육체계를 갖추고 있다. 따라서 말레이시아 화인들의 중국어 의사소통 수준은 동남아 기타 지역에 비해 월등히 높게 나타나고 있으며, 화인들은 일상생활에서도 중국어를 빈도 높게 사용하고 있다.

말레이시아 화인의 중국어 수준을 조사한 결과, 〈표 4.2〉에서 나타나듯이 32.8%(39명)가 '조금 잘함', 15.1%(18명)가 '매우 잘함'이라고 응답하였고, 27.7%(33명)가 '매우 못함', 15.1%(18명)가 '조금 못함'이라고 응답하였으며, '보통'이라고 응답한 화인은 9.2%(11명)이다. 즉, 중국어를 '잘하는('조금 잘함'과 '매우 잘함' 포함)' 화인 비율(47.9%)이 '못하는('조금 못함'과 '매우 못함' 포함)' 비율(42.8%)보다 높게 나타났다.

---

16 刘文正(2013), p. 53.

17 김혜련(2015), pp. 88-89.

표 4.2 말레이시아 화인의 중국어 수준

질문사항	매우 못함	조금 못함	보통	조금 잘함	매우 잘함	전체
빈도(명)	33	18	11	39	18	119
비율(%)	27.7	15.1	9.2	32.8	15.1	100

더불어 말레이시아 화인이 중국어를 어느 정도 사용하고 있는가를 살펴보기 위해 그들이 일상생활에서 주로 사용하는 언어를 조사하였다. 조사결과, 45.3%(54명)가 일상생활에서 주로 '중국어'를 사용하고 있고, 49.6%(59명)가 '말레이시아어'를 사용하고 있으며, 5.0%(6명)가 '영어'를 사용하고 있다고 응답하였다. 비록 중국어를 사용하는 비율(45.3%)이 말레이시아어 사용 비율(49.6%)보다 다소 낮게 나타났으나, 이는 다종족 국가에서 화인이 그들만의 언어를 배우고 빈도 높게 사용하고 있다는 것을 충분히 설명할 수 있다.

표 4.3 말레이시아 화인이 일상생활에서 사용하는 언어

질문사항	말레이시아어	중국어	영어	전체
빈도(명)	59	54	6	119
비율(%)	49.6	45.3	5.0	100

2) 문화[18]

말레이시아 화인의 현지적응 실태를 조사하기 위해 그들의 민족문화 보존정도를 조사하였다. 다음은 말레이시아 화인이 거주국에서 선호하는 문화와 음식, 선호하는 혼례식 및 장례식 등을 분석한 내용이다.

말레이시아 화인이 선호하는 문화를 조사한 결과, 11.9%(14명)가 '말레이시아 문화'를 선호한다고 응답하였고, 32.2%(38명)가 '중국 문화'를 선호

18 김혜련(2015), pp. 89-90.

표 4.4 말레이시아 화인이 선호하는 문화

질문사항	말레이시아 문화	중국 문화	말레이시아, 중국 문화 모두	기타	전체
빈도(명)	14	38	62	4	118
비율(%)	11.9	32.2	52.5	3.4	100

한다고 응답하였으며, 52.5%(62명)가 '말레이시아와 중국 문화 모두'를 선호한다고 응답하였다. 비록 거주국과 모국 문화를 모두 선호하는 비율이 높게 나타났으나, 거주국 문화에 비해 말레이시아 화인은 여전히 모국 문화를 선호하는 것으로 나타났다.

말레이시아 화인의 민족 문화 유지 정도를 파악하기 위해 그들이 선호하는 음식과 가정에서 사용하는 가구를 조사하였고, 더불어 화인들이 혼례식 및 장례식을 치르는 방식을 살펴보았다. 조사결과, 선호하는 음식에서 28.6%(34명)가 '말레이시아 음식'을 선호한다고 응답하였고, 33.6%(40명)가 '중국 음식'을 선호한다고 응답하였으며, 15.1%(18명)가 '서양 음식'을 선호한다고 응답하였다. 가정에서 즐겨 사용하는 가구에 대해서는 23.5%(28명)가 '말레이시아식 가구', 34.4%(41명)가 '중국식 가구', 12.6%(15명)가 '서양식 가구'로 응답하였다. 혼례식에서는 18.6%(22명)이 '말레이시아식'으로 혼례를 치르고, 28.8%(34명)가 '중국식', 22.0%(26명)가 '서양식' 혼례를 치른다고 응답하였다. 화인들이 치르는 장례식에서는 16.9%(20명)가 '말레이시

표 4.5 말레이시아 화인이 선호하는 음식, 가구, 혼례식, 장례식

질문사항	말레이시아식	중국식	서양식	기타	전체
음식	34(28.6)	40(33.6)	18(15.1)	27(22.7)	119(100)
가구	28(23.5)	41(34.4)	15(12.6)	35(29.4)	118(100)
혼례식	22(18.6)	34(28.8)	26(22.0)	36(30.5)	118(100)
장례식	20(16.9)	51(43.2)	4(3.4)	43(36.4)	118(100)

주) 표 중의 숫자는 빈도, ( )의 숫자는 %

아 장례식', 43.2%(51명)가 '중국식', 3.4%(4명)가 '서양식'으로 장례식을 치른다고 응답하였다.

즉, 말레이시아 화인은 말레이시아 현지 문화보다 모국인 중국 문화를 더 선호하며, 음식·가구, 혼례식 혹은 장례식 등 일상생활에서도 모국 문화를 실천하고 있다는 것으로 나타났다.

3) 정체성[19]

디아스포라는 국경을 넘나드는 이주민 집단으로서 일반적으로 모국과 거주국의 문화적 특성을 모두 아우르는 다중정체성을 지니고 있다. 이 책에서는 말레이시아 화인의 현지적응 실태를 분석하기 위해 그들의 국민정체성과 민족정체성을 조사하였다.

우선, 말레이시아 화인의 국민정체성은 아래와 같이 나타났다. '말레이시아에 강한 소속감을 가지고 있다'라는 질문항목의 평균치는 3.64, '화인들이 말레이시아 현지 문화에 대해여 많이 아는 것은 좋지만 필요한 것은 아니라고 생각한다'라는 질문항목의 평균치는 3.00보다 낮은 2.67, '말레이시아 문화에 비호의적인 화인은 잘못된 것이라고 생각한다'라는 질문항목의 평균치는 3.57, '말레이시아 영화나 드라마를 즐겨본다'라는 질문항목의 평균치는 3.14로 나타났다. 이는 화인이 말레이시아에 강한 소속감을 가지고 있고, 말레이시아 현지문화를 알아야 한다고 생각하고 있으며, 말레이시아 현지문화를 호의적으로 접근하고 있고, 말레이시아 영화나 드라마를 즐겨본다는 것을 의미한다. 다시 말해, 말레이시아 화인은 말레이시아 국민으로서 확고한 국민정체성을 유지하고 있다는 것을 설명한다.

국가의 장벽이 무너지고 초국적 행위자의 활동이 빈번해짐에 따라 행

---

19 김혜련(2015), pp. 87-88.

표 4.6 말레이시아 화인의 국민정체성 분야 평균 및 표준편차

질문항목	평균	표준편차	빈도
나는 말레이시아에 강한 소속감을 가지고 있다.	3.64	.802	113
나는 화인들이 말레이시아현지 문화에 대해여 많이 아는 것은 좋지만 필요한 것은 아니라고 생각한다.	2.67	1.094	114
나는 말레이시아 문화에 비호의적인 화인은 잘못된 것이라고 생각한다.	3.57	.986	114
나는 말레이시아 영화나 드라마를 즐겨본다.	3.14	.901	114

위자들의 상호 연관성도 심화되고 있다. 디아스포라는 자신들이 정착한 거주국과 새로운 관계를 형성하고 있지만, 모국과의 연결을 유지함으로써 두 국가 모두를 포함하는 초국가적 삶을 살게 된다. 화인은 비록 말레이시아의 국적을 취득해 주류사회로 진출하였지만, 여전히 그들만의 민족정체성을 유지하고 있다. 다음은 말레이시아 화인의 민족정체성을 분석하였다.

민족정체성 관련 질문항목의 평균을 살펴본 결과, 〈표 4.7〉에서 나타나듯이 평균값이 높게 나타난 것은 '중국인의 후손이라는 것이 자랑스럽다', '중국 전통명절을 잘 지킨다', '화인으로서 중국 문화를 유지해야 한다', '중국 영화나 드라마를 즐겨본다', '화인 친구들과 만나고 어울리는 것이 좋다', '화인사회단체에 강한 소속감을 느낀다' 등이다. 즉, 말레이시아 화인은 거주국의 소수민족으로서 민족정체성을 잘 유지하고 있는 것으로 나타났다. 다른 한편, '화인과 기타 종족 간의 통혼을 장려해야 한다'라는 질문항목에서는 평균이 2.74로 나타나, 말레이시아 화인이 종족 간 통혼보다는 여전히 화인 간의 결혼을 지지하고 있는 것으로 나타났다. 이는 화인이 비록 거주국 국적을 취득해 말레이시아 주류사회 구성원으로 성장하였으나, 여전히 화인으로서의 민족적인 요소를 강하게 표출하고 있다는 것을 설명한다.

표 4.7 말레이시아 화인 민족정체성 관련 평균 및 표준편차

질문항목	평균	표준편차	빈도
나는 중국인의 후손이라는 것이 자랑스럽다.	3.96	.677	114
나는 중국 전통명절(춘절, 추석, 단오 등)을 잘 지킨다.	3.60	.761	114
나는 화인들이 중국 문화를 유지해야 한다고 생각한다.	3.87	.735	114
나는 중국 영화나 드라마를 즐겨본다.	3.14	.901	114
나는 화인 친구들을 만나고 어울리는 것이 좋다.	3.37	.934	114
나는 화인사회단체(협회, 동향회 등)에 강한 소속감을 느낀다.	3.50	.885	114
나는 화인과 기타 종족 간의 통혼을 장려해야 한다고 생각한다.	2.74	.883	114

말레이시아 화인이 강한 민족정체성을 유지하고 있는 것은 다양한 요인이 상호작용한 결과물이다. 다종족국가 말레이시아에서 가장 큰 종족집단은 말레이인, 화인, 인도인이다. 말레이시아 정부는 원주민과 화인의 경제적 불균형 문제를 해결하기 위해 여러 종족을 부미푸트라(Bumiputra)와 비부미푸트라(Non-Bumiputra)로 구분하여 원주민을 우대하는 신경제정책을 추진하였다. 이러한 차별정책에 대응하기 위해 화인들은 그들만의 정당을 설립하고 언론사를 운영하며, 적극적으로 민족교육을 발전시켜 화인공동체를 형성하기 시작하였다. 따라서 화인의 민족정체성은 점차 강화되었으며, 그들은 비록 주류사회 구성원으로 자리매김하였으나, 여전히 말레이시아사회에 완전히 동화되지 않고 그들만의 특성을 유지하고 있다.

4) 사회적응

말레이시아 화인의 거주국 적응실태를 파악하기 위해 그들의 지역사회 적응 상황을 조사하였다. 구체적으로 말레이시아 화인과 말레이인의 관계, 지역사회에서의 생활과 사회적 지위 등을 분석하였다.

우선, 말레이시아 화인과 말레이인의 종족관계를 분석하기 위해 '문화

표 4.8 말레이시아 화인과 현지 원주민과의 갈등 분야 빈도분석

구분	자주 있음	가끔 있음	거의 없음	전혀 없음	합계
빈도(명)	2	31	68	18	119
비율(%)	1.7	26.1	57.1	15.1	100

차이로 인해 원주민과 갈등이 있는지'에 대해 조사하였다. 분석결과, 응답자 중 '자주 있음'이라고 응답한 화인은 1.7%(2명), '가끔 있음'이라고 응답한 화인은 26.1%(31명), '거의 없음'이라고 응답한 화인은 57.1%(68명), '전혀 없음'이라고 응답한 화인은 15.1%(18명)로 나타났다. 즉, 설문조사 대상자 중 72.2%(86명)는 일상생활에서 현지 원주민과 갈등이 없다고 응답하였다('거의 없음' 57.1%, '전혀 없음' 15.1%").

다음, 말레이시아 화인과 현지 원주민의 관계를 분석한 결과, '말레이시아 현지 원주민과 오락, 취미생활, 쇼핑 등 여가활동을 함께 한다'는 질문항목의 평균치는 3.53, '현지 원주민과 어려울 때 서로 도움을 주고 받는다'라는 질문항목의 평균치는 3.55, '현지 원주민과 경조사가 생기면 서로 축하나 위로를 해준다'를 질문항목의 평균치가 3.17, '현지 원주민과 진정한 친구가 될 수 있다'라는 질문항목의 평균치는 3.76으로 모두 3.00보다 높게 나타났다. 이는 말레이시아 화인이 일상생활에서 현지 원주민과 비교적 양호한 종족관계를 유지하고 있다는 것을 설명한다.

표 4.9 말레이시아 화인과 현지 원주민과의 관계 분야 평균 및 표준편차

질문항목	평균	표준편차	빈도
나는 말레이시아 현지 원주민과 오락, 취미생활, 쇼핑 등 여가활동을 함께 한다.	3.53	.834	118
나는 현지 원주민과 어려울 때 서로 도움을 주고 받는다.	3.55	.737	117
나는 현지 원주민과 경조사가 생기면 서로 축하나 위로를 해준다.	3.17	.899	118
나는 현지 원주민과 진정한 친구가 될 수 있다.	3.76	.770	118

마지막으로, 말레이시아 화인의 지역사회 생활을 분석한 결과, '내가 살고 있는 지역의 사람들은 나를 지역주민으로 인정하고 있다'는 질문항목의 평균치가 3.57로 나타났고, '내가 살고 있는 지역의 사람들은 나를 인격적으로 존중해준다'라는 질문항목의 평균치는 3.50로 나타났다. 다시 말해, 화인이 거주하고 있는 지역사회 주민은 그들을 주민으로 인정하고, 존중해주고 있다는 것을 설명한다. 또한 '나는 내가 사는 지역의 문제에 대해 관심을 가지고 있다'는 질문항목의 평균치는 3.47로 나타났고, '나는 내가 사는 지역에 계속 살고 싶다'라는 질문항목의 평균치는 3.54로 나타났으며, '나는 내가 사는 지역에 자부심을 느낀다'라는 질문항목의 평균치는 3.43으로 나타났다. 아울러 '나는 내가 사는 지역의 지리를 잘 알고 있다'는 질문항목의 평균치는 3.69, '나는 내가 사는 지역에 있는 병원, 보건소 등을 혼자서 잘 이용할 수 있다'라는 질문항목의 평균치는 3.64로 나타났다. 따라서 전반적으로 말레이시아 화인은 현지 지역사회에 잘 적응하고 있는 것으로 나타났다. 지역사회 주민의 인정을 받고 있고, 지역사회에 자부심을 느끼며, 지역사회 시설을 충분히 이용하고, 더불어 계속 그 지역에 살려는 의지를 표출하고 있다.

표 4.10 말레이시아 화인의 지역사회 생활 분야 평균 및 표준편차

질문항목	평균	표준편차	빈도
내가 살고 있는 지역의 사람들은 나를 지역주민으로 인정하고 있다.	3.57	1.003	116
내가 살고 있고 지역의 사람들은 나를 인격적으로 존중해준다.	3.50	.884	118
나는 내가 사는 지역의 문제에 대해 관심을 가지고 있다.	3.47	.940	118
나는 내가 사는 지역에 계속 살고 싶다.	3.54	1.005	117
나는 내가 사는 지역에 자부심을 느낀다.	3.43	.968	114
나는 내가 사는 지역의 지리를 잘 알고 있다.	3.69	.803	118
나는 내가 사는 지역에 있는 병원, 보건소 등을 혼자서 잘 이용할 수 있다.	3.64	.912	118

5) 차별경험

말레이시아 화인의 현지정착 실태를 파악하기 위해 그들이 현지 원주민으로부터 경험한 차별시선을 조사하였다. 분석결과 '나는 화인을 비하하는 단어를 들은 적 있다'라는 질문항목에 평균치가 3.39로 나타났고, '나는 화인이라는 이유로 무시당하거나 심한 표현을 들은 적 있다'라는 질문항목에 평균치가 3.31로 나타났다. 다만 '나는 화인의 외모나 언어에 대해 현지인들이 거부감을 갖거나 싫어하는 느낌을 받은 적 있다'라는 질문항목에 평균치는 3.00보다 낮은 2.59로 나타났다. 다시 말해, 말레이시아 화인은 원주민으로부터 화인을 비하하거나 무시당하는 차별경험이 있지만, 화인의 외모나 언어에 대해 현지인이 거부감을 느낀다고 생각하지 않는다는 것이다.

표 4.11 말레이시아 화인의 차별경험 분야 평균 및 표준편차

질문항목	평균	표준편차	빈도
나는 화인을 비하하는 단어를 들은 적 있다.	3.39	1.102	118
나는 화인이라는 이유로 무시당하거나 심한 표현을 들은 적 있다.	3.31	1.060	118
나는 화인의 외모나 언어에 대해 현지인들이 거부감을 갖거나 싫어하는 느낌을 받은 적 있다.	2.59	1.064	118

6) 생활만족도

말레이시아 화인의 현지적응 실태를 심도있게 파악하기 위해 그들의 생활만족도를 조사하였다. 만족도 수준에 대해서는 '매우 불만족', '불만족', '보통', '만족', '매우 만족'의 5점 척도를 이용하여 평가를 하였다. 질문사항에는 일상생활에서의 음식, 옷, 가족관계, 직장, 여가생활 등이 포함

된다. 조사결과는 아래와 같이 나타났다.

일상생활 분야에서 '나는 현재 말레이시아에서의 생활에 만족한다'라는 질문항목의 평균치는 3.45로 나타났다. 또한 '일상적으로 먹는 음식에 만족한다'라는 질문항목의 평균치가 3.64로 나타났고, '일상적으로 입는 옷에 만족한다'라는 질문항목의 평균치는 3.85로 높게 나타났다. 이는 말레이시아 화인이 현지에서의 일상생활에 만족하고 있다는 것으로 파악할 수 있다.

가족, 친구, 친인척과의 관계 분야에 있어서 '나는 가족들과의 관계에 만족한다'라는 질문항목의 평균치는 4.10으로 높게 나타났고, '현재 사귀는 친구들과의 관계에 만족한다'라는 질문항목의 평균치는 3.92로 나타났으며, '친인척들과의 관계에 만족한다'라는 질문항목의 평균치는 3.80으

표 4.12 말레이시아 화인의 생활만족도 평균 및 표준편차

질문항목	평균	표준편차	빈도
나는 현재 말레이시아에서의 생활에 만족한다.	3.45	.661	118
나는 일상적으로 먹는 음식에 만족한다.	3.64	.759	118
나는 일상적으로 입는 옷에 만족한다.	3.85	.649	118
나는 가족들과의 관계에 만족한다.	4.10	.697	118
나는 현재 사귀는 친구들과의 관계에 만족한다.	3.92	.659	118
나는 친인척들과의 관계에 만족한다.	3.80	.734	118
나는 현재 하고 있는 일에 대해 만족한다.	3.44	.828	111
나는 현재 나의 한 달 수입에 만족한다.	3.24	.974	111
나는 직장에서 동료들과의 관계에 만족한다.	3.57	.785	115
나는 요즘 내가 하는 여가생활에 만족한다.	3.44	.914	117
나는 내가 원하는 만큼 자유가 있다고 느낀다.	3.27	.838	116
나는 전반적으로 현재 나의 삶에 대해 만족한다.	3.53	.763	116
나는 현재 행복하다.	3.52	.786	116
나는 내가 가치 있는 사람이라고 느낀다.	3.72	.800	116

로 나타났다.

직장 만족도 분야에서 '나는 현재 하고 있는 일에 대해 만족한다'라는 질문항목의 평균치는 3.44로 나타났고, '현재 나의 한 달 수입에 만족한다'라는 질문항목의 평균치는 3.24로 나타났으며, '나는 직장에서 동료들과의 관계에 만족한다'라는 질문항목의 평균치는 3.57로 나타났다.

여가생활 분야에서 '나는 요즘 내가 하는 여가생활에 만족한다'라는 질문항목의 평균치는 3.44로 나타났고, '내가 원하는 만큼 자유가 있다고 느낀다'라는 질문항목의 평균치는 3.27로 나타났다. 또한 '전반적으로 현재 나의 삶에 대해 만족한다'라는 질문항목의 평균치는 3.53으로 나타났고, '현재 행복하다'라는 질문항목의 평균치는 3.52로 나타났으며, '내가 가치 있는 사람이라고 느낀다'라는 질문항목의 평균치는 3.72로 나타났다.

7) 정책만족도

말레이시아 화인의 현지적응 실태를 심층적으로 분석하기 위해 정부가 시행하고 있는 화인정책에 대한 만족도를 조사하였다. 정책만족도 수준에 대해서도 '매우 불만족', '불만족', '보통', '만족', '매우 만족'의 5점 척도를 이용하여 평가를 하였다.

조사결과, 아래 도표에서 나타나듯이 '나는 말레이시아 정부가 시행하

표 4.13 말레이시아 화인의 정책만족도 평균 및 표준편차

질문항목	평균	표준편차	빈도
나는 말레이시아 정부가 시행하는 화인 교육정책에 대해 만족한다.	2.33	1.002	116
나는 말레이시아 정부의 화인 정책에 만족한다.	2.60	.893	116
나는 지방선거투표에 만족한다.	2.27	.848	116
나는 정부의 공무원 및 학교 교원 채용 정책에 만족한다.	2.28	1.011	116

고 있는 화인 교육정책에 대해 만족한다'라는 질문항목의 평균치는 2.33로, 3.00보다 낮은 수치로 나타났다. 또한 '말레이시아 정부의 화인 정책에 만족한다'라는 질문항목의 평균치도 2.60로, 3.00보다 낮은 수치로 나타났다. '나는 지방선거투표에 만족한다'라는 질문항목의 평균치는 2.27로 나타났고, '정부의 공무원 및 학교 교원 채용 정책에 만족한다'라는 질문항목의 평균치는 2.28로 나타났다.

즉, 말레이시아 화인은 정부가 시행하고 있는 교육정책, 화인정책, 지방선거, 공무원 및 교원 채용 정책에 대해 불만을 나타내고 있다는 것을 설명한다.

8) 소결

설문조사를 통해 말레이시아 화인의 언어, 문화, 정체성, 차별경험, 사회적응, 생활만족도, 정책만족도를 조사한 결과는 아래와 같다. 첫째, 말레이시아 화인은 중국어를 능통하게 구사하고 있고, 일상생활에서도 중국어를 빈도 높게 사용하고 있다.

둘째, 말레이시아 화인의 현지적응 실태를 파악하기 위해 그들이 선호하는 문화를 조사하였다. 연구결과, 응답자 중 52.5%(62명)가 '말레이시아와 중국 문화 모두'를 선호하는 것으로 나타났다. 이는 말레이시아 화인이 거주국과 모국 문화를 동시에 체화시키고 있다는 것을 설명한다. 또한 말레이시아 화인이 일상생활에서 선호하는 음식, 가구, 혼례식, 장례식을 조사한 결과, 모두 중국식 음식, 가구, 혼례식, 장례식을 선호한다는 결과가 나타났다. 다시 말해, 모국을 떠나 거주국에서 새로운 삶을 영위한 디아스포라로서 화인은 양국 문화를 모두 선호하고 체화시키는 양상을 나타내고 있다.

셋째, 말레이시아 화인의 정체성을 분석한 결과, 그들은 말레이시아에 강한 소속감을 가지고 있고 현지문화에 호의적으로 접근하는 등 확고한 국민정체성을 유지하고 있다. 다른 한편, 말레이시아 화인은 중국인의 후손이라는 것에 자부심을 가지고 있고, 춘절·중추절·단오절을 비롯한 전통명절을 유지하고 있으며, 화인단체에 강한 소속감을 느끼는 등 민족정체성을 유지하고 있다. 다시 말해, 말레이시아 화인은 말레이시아 국민이라는 국민정체성과 화인이라는 민족정체성을 동시에 지닌 다중정체성의 모습을 나타내고 있다.

넷째, 말레이시아 화인과 원주민의 종족관계를 분석한 결과, 72.2%(86명)가 '일상생활에서 현지 원주민과 갈등이 없다'고 응답하였다. 또한 그들은 '말레이시아 원주민과 오락·취미생활·쇼핑 등 여가활동을 함께 하고', '원주민과 어려울 때 서로 도움을 주고 받으며', '경조사가 생기면 서로 축하나 위로를 하는' 등 상대적으로 조화로운 종족관계를 유지하고 있는 것으로 나타났다. 아울러 말레이시아 화인의 지역사회 생활을 분석한 결과, '지역사회 주민의 인정을 받고 있고', '지역사회에 자부심을 느끼며', '지역사회 시설을 충분히 이용하는' 등 잘 적응하는 모습이 나타났다.

다섯째, 말레이시아 화인의 배제와 타자화 경험을 조사한 결과, 그들은 '원주민으로 화인을 비하하거나 무시당하는' 차별경험이 있지만, '화인의 외모나 언어에 대해 현지인이 거부감을 느낀다'고 생각하지 않는다는 것이다.

여섯째, 말레이시아 화인의 생활만족도를 분석한 결과, 그들은 현재 말레이시아에서의 생활에 만족하고 있는 것으로 나타났다. 또한 친구 및 친인척과의 관계에 대해서도 만족하고 있고, 현재하고 있는 일·수입·직장 동료와의 관계에도 만족하는 것으로 나타났다. 여가생활 분야에서 화인은 현재 여가생활에 만족하고, 현재 삶에 대해 만족하며, 가치 있는 사람으로 느껴진다고 응답하였다.

일곱째, 말레이시아 화인의 정책만족도를 분석한 결과, 그들은 정부가 시행하고 있는 화인 정책, 화인 교육정책, 지방선거투표, 공무원 및 학교 교원 채용 정책에 모두 만족하지 않는 것으로 나타났다.

3. 정착기제

말레이시아는 다종족·다문화·다종교 국가로, 말레이인·화인·인도인 등 다양한 종족집단으로 구성되어 있다. 말레이시아 인구조사 보고에 의하면, 2010년 기준 말레이시아에는 약 640만 명의 화인이 거주하고 있는데, 이는 말레이시아 전체 인구의 24.6%를 차지한다.[20] 말레이시아에서 가장 큰 규모의 종족집단은 말레이인으로 전체 인구의 약 64.4%를 차지하고, 인도인이 7.7%를 차지한다.

다종족·다문화 국가 말레이시아는 국내 종족집단을 부미푸트라(Bumiputra)와 비부미푸트라(Non-bumiputra)로 구분하고 있다. 부미푸트라는 말레이 토착민을 뜻하며, 말레이인과 토착민을 아우르는 말로서 영국 식민지 이전부터 말레이시아 지역에 거주한 원주민이다. 비부미푸트라는 영국 식민 정책의 일환으로 노동력을 얻기 위해 중국과 인도에서 유입한 이주민을 가리키며, 그들은 비토착민으로 구분되었다.[21]

말레이시아 화인은 현지에 뿌리를 내리는 과정에서 화인학교, 화인단체, 화인신문이라는 정착기제를 기반으로 민족공동체를 구축하고 있다.

1) 화인학교[22]

동남아지역에서 말레이시아는 화문교육이 가장 발달한 지역으로 약

---

20 中国侨网. http://www.chinaqw.com(검색일: 2016.10.22)

21 김종업 · 최종석(2011), "말레이시아 종족간의 갈등 원인과 현황 연구: 신경제정책과의 연관성을 중심으로", 『社會科學論叢』 제42집 1호, p. 42.

200년의 역사를 가지고 있다. 말레이시아의 화문교육은 초등학교부터, 중학교, 대학교까지 체계적인 교육시스템을 이루고 있다. 현재 말레이시아에는 1,291개의 화문초등학교(华文小学)와 60개의 화문독립중학교(华文独立中学), 3개의 사립화문대학교가 설립되어 있으며, 학생규모는 70만 명에 이른다.[23]

말레이시아에서 화문교육이라는 것은 화문(华文) 즉 중국어를 주요한 교육용어로 사용하며, 학교의 모든 교과목을 중국어로 가르친다는 것이다. 말레이시아 화문교육은 1819년 페낭에서 오복서원(五福书院)을 설립하면서부터 시작되었다. 말레이시아 화인은 그들의 민족언어인 중국어를 계승하기 위해 다양한 노력을 하였다. 그들은 말레이시아 화인학교 이사연합회 총회(马来西亚华校董事联合会总会), 말레이시아 화인학교 교사회 총회(马来西亚华校教师会总会)를 중심으로 화문교육을 이끌어가고 있다.

(1) 말레이시아 화문교육 현황

말레이시아 정부는 『1961년교육법령(1961年教育法令)』을 제정해 교육 분야에서의 동화정책을 추진하기 시작하였다. 말레이시아 정부는 법령에 따라 모든 화인학교를 정부의 요구에 따라 개편할 것을 강요하였다. 따라서 말레이시아의 모든 화문초등학교는 정부 초등학교로 변경되었고, 대부분의 화문중학교는 국민형중학교(国民型中学)로 변경되었다. 현재까지 개편되지 않은 화문중학교는 60개로, 이는 화문독립중학교(华文独立中学)로 불린다. 이러한 독립중학교는 정부 지원 없이 말레이시아 화인사회가 독립적으로 운영하고 있다. 또한 말레이시아 화인학교 이사연합회 총회는 남방학원(南方学院), 신기원학원(新纪元学院), 한강학원(韩江学院) 등 3개의 화문대학

---

22 김혜련(2017), "말레이시아 화인 디아스포라의 민족교육 실태 연구", 『인문사회 21』 제8권 3호, pp.1035-1055.

23 王焕芝 · 洪明(2011), "马来西亚华文教育政策的演变及未来发展", 『附件师范大学学报』 2011年 第4期, p. 191.

교를 설립해 화인 인재를 양성하고 있다.

현재 말레이시아 화문교육의 경우, 초등학교 교육은 1,291개의 화문초등학교가 담당하고 있으며, 이러한 초등학교 중 417개의 학교가 유치원을 설립하고 있다. 또한 중학교, 고등학교 교육은 60개의 독립중학교에서 담당하고 있고, 대학교 교육은 남방학원, 신기원학원, 한강학원에서 담당하고 있다. 이 외에 현재 153개의 국민초등학교에서 화문교과목을 개설해 화문을 가르치고 있고, 78개의 국민형중학교에 화문교과목을 개설하고 있다. 또한 말레이시아 16개의 사범대학교에 중국어 교사를 양성하는 교과목을 개설하고 있으며, 말레야대학교·국립푸트라대학교·국민대학교 등에는 중국어학과가 설립되어 있다.

(2) 화문초등학교

1960년대 이후 말레이시아 화문초등학교는 정부의 강요에 의해 개편되었다. 개편 이후 화문초등학교는 국민초등학교와 같은 학제, 교과목, 관리 방식으로 운영되었다. 그러나 국민초등학교와 달리, 화문초등학교는 중국어를 행정 및 교육 용어로 사용할 수 있었다. 화문초등학교에서는 중국어, 수학, 과학, 체육, 도덕교육 5개 과목을 중국어 교재로 수업을 진행하고 있고, 동시에 말레이어와 영어를 가르친다. 그러나 이러한 교과목의

사진 4.4 말레이시아 화문초등학교: 페이펑 제3초등학교

사진 4.5 말레이시아 화문초등학교: 페이펑 제3초등학교 내부 사진

내용과 시험문제는 반드시 교육부의 요구에 부합되어야 하며, 교육부 인증을 받은 후에야 인쇄되고 사용할 수 있다.

화문초등학교의 운영비는 정부에서 지원하고 있지만, 건설 및 발전 관련 경비는 정부에서 일부만 지원하고 있다. 화문초등학교 졸업생은 정부가 운영하는 국민중학교에 들어가거나 화인이 운영하는 사립중학교인 독립중학교에 입학할 수 있다. 2003년부터 정부는 "국민의 영어수준을 향상"시키기 위해 초등학교 1학년부터 수학과 과학 두 과목의 수업 용어를 영어로 가르칠 것을 요구하였다. 동시에 영어 수업 시간도 확대해 학생들의 영어수준을 향상시키고자 하였다. 따라서 말레이시아 화인은 중국어, 영어, 말레이어 3중언어를 장악한 글로벌 인재로 성장하고 있다.

2011년 1월까지 말레이시아에는 총 1,291개의 화문초등학교가 운영되고 있다. 학생규모는 유치원 학생이 10,703명에 이르고, 초등학생이 598,488명에 이르러 총 609,191명이다. 화문초등학교의 학생 규모는 전체 말레이시아 초등학생 규모의 20.12%를 차지하며, 현재 37,068명의 교직원이 화문초등학교에서 근무하고 있다. 화문초등학교 졸업생 중 해마나 약 10%가 화문독립중학교에 입학하는 것으로 조사되었다.[24] 연구자는

---

24 刘世勇 · 武彦斌(2012), "马来西亚华文教育现状与发展策略", 『东南亚纵横』 2012年第9期, p. 39.

말레이시아 말라카에 위치한 페이펑 제3초등학교(培风第三小学)를 방문해 직접 사진을 촬영하였다.

(3) 화문독립중학교

말레이시아 화인의 정착기제 중 독립중학교는 화인의 민족정체성을 유지하고, 전통문화를 계승하는 중요한 민족교육의 장이다. 2011년까지 말레이시아에는 60개의 독립중학교가 운영되고 있으며, 학생규모는 66,968명에 이른다. 독립중학교는 6년제 중학교로 중학교 3년, 고등학교 3년 두 부분으로 구분된다.

말레이시아 화문독립중학교는 3중언어교육과 높은 교육수준으로 화인은 물론, 기타 종족의 학부모도 선호하고 있다. 독립중학교는 화인뿐 아니라, 말레이인을 비롯한 다양한 종족의 학생이 함께 어울리는 다문화 공간으로 발전하고 있다. 2011년 기준 독립중학교의 화인학생은 65,832명으로 전체 독립중학교 학생의 98.30%를 차지하고, 말레이학생이 262명으로 전체 규모의 0.39%를 차지하며, 인도인학생이 134명으로 전체 규모의 0.20%를 차지한다. 기타 종족 학생은 740명으로 전체 학생의 1.11%를 차지한다.[25]

화문독립중학교에는 말레이시아 기타 종족 학생뿐 아니라, 외국인학생도 적극 영입하고 있다. 독립중학교는 수준 높은 교육과 중국·영어·말레이어 3중언어 교육으로 인해 외국인학생 사이에서도 인기가 높다. 2011년 기준 독립중학교에 재학 중인 외국인학생은 총 963명인데, 그중 태국 학생이 총 265명으로 전체 외국인학생의 27.52%를 차지하고 있고, 인도네시아 학생이 250명으로 전체 외국인학생의 25.96%를 차지한다. 또한 중국 대륙학생이 162명으로 16.82%를 차지하고, 한국학생이 99명

---

25 刘世勇 · 武彦斌(2012), p. 39.

으로 10.28%를 차지하며, 대만 학생이 60명으로 6.23%를 차지한다. 아울러 싱가포르 학생이 39명으로 4.05%를 차지하고, 필리핀 학생이 28명으로 2.91%를 차지한다.[26]

독립중학교의 교직원 현황을 볼 때, 재직 중인 교사는 총 3,811명인 것으로 나타났다. 그 중 정규직 교사는 3,531명으로 전체 규모의 92.65%를 차지하고, 겸임교사는 280명으로 전체 규모의 7.35%를 차지한다. 말레이시아 독립중학교의 교직원도 다양한 종족이 포함되어 있다. 독립중학교 교직원 중 화인이 3,374명으로 전체 규모의 88.53%를 차지하고 있고, 말레이인이 164명으로 전체 규모의 4.30%를 차지한다. 또한 인도인 교직원이 182명으로 전체 규모의 4.78%를 차지하고, 기타 종족 교직원이 61명으로 전체 규모의 1.60%를 차지한다. 외국국적 교직원의 경우, 중국 대륙에서 온 교직원이 14명으로 전체 교직원의 0.37%를 차지하고, 기타 국적의 교직원은 9명으로 전체 규모의 0.37%를 차지한다. 교직원 중 교육전문자격을 가지고 있는 교직원이 1,380명으로 전체 교직원의 36.21%를 차지하고, 교육전문자격을 가지고 있지 않는 교직원은 2,431명으로 전체 교직원의 63.79%를 차지한다.[27]

독립중학교는 정부의 운영체계와 달리 자체적으로 운영하는 사립학교이며, 재학생은 내부 통일시험인 독립중학교통일시험을 치른다. 1975년 독립중학교통일시험위원회는 제1회 독립중학교 통일시험을 주최하였고, 이후 해마나 한차례씩 통일시험이 진행되었다. 통일시험을 치르는 목적은 각 독립중학교의 수준을 향상시키기 위해서이고, 졸업생의 진학 및 취업을 위해 학술 근거를 제시하는 것도 목적 중의 하나이다.

현재 국내외에는 800여 개 대학교가 독립중학교 졸업생을 모집하고 있다. 또한 2005년부터 독립중학교 통일시험에 합격한 학생은 중국의 중

---

26 刘世勇 · 武彦斌(2012), p. 39.

27 刘世勇 · 武彦斌(2012), p. 40.

사진 4.6 말레이시아 존공독립중학교

국어능력시험(HSK)에 면제되어 중국 국내 각 대학에 직접 입학신청을 할 수 있게 되었다. 그러나 독립중학교는 말레이시아 교육체계에 편입되어 있지 않고, 말레이시아정부가 독립중학교의 통일시험을 인정하지 않는 관계로 독립중학교 졸업생은 말레이시아 국립대학교에 입학하지 못한다. 따라서 화문독립중학교의 졸업생들은 국내 국립대가 아닌 싱가포르, 미국, 중국, 유럽 등 해외 대학교로 진학하는 것이 대부분이다.

연구자는 말레이시아에서 쿠알라룸푸르에 위치한 존공독립중학교(尊

사진 4.7 말레이시아 존공독립중학교 내부 시설

사진 4.8 말레이시아 한강중학교

孔独立中学)와 페낭의 한강중학교(韩江中学)를 방문하여 관련 자료를 수집하고 직접 사진을 촬영하였다.

존공독립중학교는 쿠알라룸푸르에 위치한 화문독립중학교로 1906년에 설립되었다. 존공독립중학교는 쿠알라룸푸르 차이나타운과 가까운 거리에 위치해 있으며, 말레이시아에서 가장 오랜 역사를 가지고 있는 화인 중학교이다.

존공독립중학교의 설립취지는 "민족문화를 유지하고, 중화문화를 계승"하는 것이며, 중국어·영어·말레이어 교육을 병행하고 있다. 현재 존공

사진 4.9 한강중학교 내부 사진

사진 4.10 말레이시아 한강중학교 교내 시설

독립중학교에는 135명의 교사와 45명의 직원이 근무하고 있으며, 2,350명의 학생이 재학 중이다.

한강중학교는 1950년에 설립된 화문독립중학교로, 말레이시아 페낭에 위치해 있다. 한강중학교는 말레이시아에서 가장 오랜 역사를 가지고 있는 화문독립중학교 중의 하나이다. 한강중학교는 학교이사회 린롄덩(林连登)이사장의 주도 하에 설립되었으며, 1950년 2월 2일에 정식으로 개강하였다. 설립 초기 학교는 교직원 17명과 재학생 300여 명에 불과했다. 그러나 60여 년의 발전 끝에 현재 한강중학교에는 교직원 113명과 1,800명의 학생이 재학 중이다. 또한 재학생 중에는 외국국적학생이 315명에 이른다. 이러한 외국인학생은 태국, 중국, 한국, 싱가포르를 비롯한 12개 국가에서 온 학생들이다.

한강중학교는 화인이 독립적으로 운영하는 사립학교로, 교내 모든 시설은 화인사회가 모금하여 설립한 것이다. 한강중학교는 페낭지역에서도 질 높은 교육과 좋은 시설로 유명하다. 특히 2009년에는 페낭교육청의 인정을 받아 "5성급우수학교"로 선정되었다.

(4) 화문대학교

말레이시아 화인의 대학교 교육은 1961년부터 시작되었다. 1980년대

사진 4.11 말레이시아 화문대학교 남방대학학원(**南方大学学院**)

이후 말레이시아 정부가 개인기업이 대학교나 전문대학교를 설립할 수 있도록 허용하자, 사립대가 활발하게 발전하기 시작하였다. 따라서 말레이시아 화인도 적극적으로 대학교를 설립하고 운영하기 시작하였다.

현재 말레이시아에는 남방대학학원(南方大学学院), 신기원학원(新纪元学院), 한강학원(韩江学院) 3개의 화문대학교가 설립되어 있다. 이러한 화문대학교는 화문교육을 활성화시키고, 모국어 교육체계를 정립시키며, 말레이시아 화인문화를 계승하는 것을 취지로 운영되고 있다.

남방대학학원은 1990년에 설립된 화문대학교로, 말레이시아의 첫 비영리 사립대학교이다. 현재 남방대학학원은 인문사회과학대학, 상업관리대학, 예술 및 디자인대학, 컴퓨터 및 전자공학대학, 중의약학대학 등 총 5개의 단과대로 구성되었다. 남방대학학원은 말레이시아에서 가장 오래된 화문대학교이며, 현재는 1,200명의 학생이 재학 중이다.

신기원학원은 말레이시아 화인학교 이사연합회 총회(董总)와 말레이시아 화인학교 교사회 총회(教总)가 화인 학생 특히 화문독립중학교 졸업생들의 진학문제를 해결하기 위해 설립된 화문대학교이다. 신기원학원은 1997년 5월 27일 말레이시아교육부의 허가를 받아 대학교 설립을 추진하였으며, 1998년 3월 1일에 본격적으로 개강하였다.

사진 4.12 말레이시아 화문대학교 신기원학원(新纪元学院)

현재 신기원학원에는 중국언어문학과, 경영학과, 정보공예학과, 미디어연구학과, 연극 및 영상학과, 미술 및 디자인학과, 심리상담학과, 교육학과 등 총 8개 학과가 설립되어 있으며, 재학생이 1,400명에 이른다. 신기원학원은 해외 80개 대학 및 연구기관과 MOU를 체결하여 학생 교류 및 학술 협력을 추진하고 있다.

한강학원은 페낭에 위치한 화문대학교로 한강중학교와 인접해 있다. 1999년에 설립된 한강학원에는 현재 경제·경영학과, 신문방송학과, 컴퓨터정보학과, 중국어학과 등 학과가 개설되어 있으며, 재학생이 1,400명에 이른다. 한강학원은 1978년부터 신문방송 교과목으로 인해 말레이시아

사진 4.13 말레이시아 화문대학교 신기원학원 내부시설

사진 4.14 말레이시아 화문대학교 한강학원

교육계에서 유명하였다. 한강학원은 신문방송 교과목을 통해 다양한 화인인재를 양성하였다. 그리고 1999년 한강학원은 신문방송 교과목을 학과로 재편하고 경제·경영학과, 컴퓨터정보학과를 확충하여 정규 대학교로 편성되었다.

2) 화인단체

(1) 화인단체 현황

화인단체는 말레이시아 화인이 거주국에서 새로운 삶의 터전을 개척하는 정착기제 중의 하나이며, 동시에 말레이시아 화인사회의 가장 중요한 구성부분이기도 하다. 화인단체는 말레이시아 화인사회와 역사를 함께 했다고 해도 과언이 아니다. 말레이시아 화인단체는 다양한 유형으로 구분된다. 초기의 종친회(宗祠), 회관(会馆)으로부터 현재의 학우회(校友会), 대회당(大会堂) 등으로 화인단체는 꾸준히 발전해왔다.

말레이시아 정부의 통계에 따르면, 2001년 6월 기준 말레이시아에는 총 7,276개의 화인단체가 있으며, 이는 말레이시아 전체 단체(32,269개)의 25%를 차지한다. 말레이시아 3대 종족 즉 말레이인, 화인, 인도인 중에서 화인은 단체 조직이 가장 많은 종족집단이다. 또한 말레이시아는 전 세계에서도 화인단체가 가장 많은 국가이다. 화인은 다양한 단체를 통해 거주국 말레이시아에서 그들의 민족공동체를 구축하고 있을 뿐만 아니라, 정치·경제·사회·문화 영역에서 주류사회로 진출하고 있다.

말레이시아 정부는 사회단체를 종교단체, 사회복지단체, 친목단체, 여성단체, 문화단체, 공조단체, 상업단체, 체육단체, 청년단체, 교육단체, 정당단체, 직업단체, 일반단체 총 13개 유형으로 분류하고 있다. 말레이시아 화인단체는 대부분 지연(地缘), 혈연(血缘), 업연(业缘), 학술, 오락, 종교, 복지를 중심으로 구성되었다. 그 중에서도 지연과 혈연을 중심으로 구성된 단체가 가장 많으며, 역사도 가장 오래 되었다. 일부 지연을 중심으로 한 화인단체는 200여 년의 역사를 가지고 있다. 이러한 화인단체의 설립시간은 중국계 이주민이 처음으로 말레이시아에 유입된 시기와 거의 비슷하다.

말레이시아 정부는 사회단체를 엄격하게 관리하고 있다. 사회단체 관련 규정은 아래와 같다. 첫째, 말레이시아 모든 국민은 사회단체를 구성할 권리를 가지고 있지만, 합법적인 사회단체는 구성원이 7명 이상이어야 하며, 반드시 국가사회단체등록처에서 허가를 받고 등록을 해야 한다. 둘째, 사회단체는 해마다 정부에 회계보고를 제출하되, 반드시 정기대회 개최 이후 60일 이내에 제출해야 한다. 셋째, 말레이시아 정부는 사회단체의 행정기구에 대해 엄격히 관리하고 있다. 회원대회를 설립해 사회단체의 최고권력기구로 지정할 것을 요구하며, 이사회 및 상무이사회를 설립해 단체의 행정사무를 처리하도록 한다. 상무이사회는 일반적으로 회장, 부회장, 비서실장, 재무부장, 교육부장, 청년부장, 여성부장, 복지부장 등으로 구성되어 있다. 넷째, 말레이시아의 사회단체는 정부의 요구에 따라 1~2년에 한 번씩 선거를 통해 회장을 선출해야 한다. 회장은 연임할 수 있으나, 2회를 초과해서는 안 된다. 더불어 사회단체는 민주적으로 선거를 치러야 하며, 재무를 공개해야 한다. 정부의 이러한 관리와 화인사회의 노력으로 인해 말레이시아 화인단체는 오랜 역사를 거쳐 현재의 모습으로 발전할 수 있었던 것이다. 예컨대 말레이시아 사라왁(Sarawak)에 있는 화인단체 객가공회(客属公会)는 1933년 설립되어 현재까지 80여 년의 역사를 가지고 있다. 객가공회에는 수천 명의 회원이 있고, 부동산·상가 등 다양한 자산을 가지고 있으며, 정기적으로 모임을 가지는 등 다양한 활동을 추진하고 있다.[28]

(2) 화인단체 발전과정

18세기 말 19세기 초, 영국 식민주의자들은 말레이시아를 개발하기 위해 중국 연해지역에서 대규모의 화공(华工)을 말레이시아로 유입시켰다. 화인단체는 이 시기부터 형성되어 현재까지 200여 년의 역사를 가지고 있다.

말레이시아 화인 이주 초기, 화인단체의 설립취지는 "서로 돕고, 가난한 사람을 구제하며, 화인의 복지와 공익을 위해 힘을 모으는 것(守望相助、扶贫济困、慈善公益)"이었다. 화인단체는 말레이시아로 유입한 화인들에게 생활 편의를 제공하고, 일자리를 소개해주는 단체이며, 화인단체 내부 모순을 조정하거나 해결하며, 화인들의 이익을 보장하는 단체이었다. 이러한 화인단체의 설립취지는 그들의 현지 사회적응 및 주류사회 진출과 함께 점차 변화되어, 현재 대부분 화인단체는 "화인과의 친목을 도모하고, 단결을 추진하며, 서로 구제하고 도움을 주는 동시에 함께 복리를 도모하는 것(敦睦乡谊、促进团结、共济互助、同谋福利)"을 가장 주요한 목적으로 하고 있다. 아울러 오늘날의 말레이시아 화인단체는 더는 폐쇄된 민족공동체를 유지하는 것이 아니라, 말레이인 및 인도인을 비롯한 기타 종족과의 교류와 소통을 주도하고 있다.

말레이시아 화인단체의 발전과정은 6개 단계로 구분하여 살펴볼 수 있다. 첫 번째 단계는 초창기(이주 초기~1890년)이다. 이주 초기 말레이시아 화인들은 서로 정보를 교류하고 소통하는 동시에 그들의 권익을 보호하기

---

28 林奋之(2008), "马来西亚华人社团的新特点", 『东南亚纵横』 2008年第3期, pp. 27-28.

위해 단체를 구성하기 시작하였다. 초창기 말레이시아 화인은 지연과 혈연을 중심으로 단체를 구성하였다.

두 번째 단계는 초기발전기(1890~1941년)이다. 1890년 영국식민지정부는 단체에 대한 관리를 강화하기 위해 『단체등록법령』을 제정하였다. 화인단체는 정부의 요구에 따라 등록하여 합법적으로 단체를 발전시키기 시작하였다. 이 시기는 화인경제단체가 가장 신속하게 발전한 단계이다.

세 번째 단계는 일제점령기(1941~1945년)이다. 일본이 말레이시아를 점령한 이후, 모든 화인단체는 강제적으로 폐쇄되어 활동이 중단되었다. 이 시기 화인단체는 항일활동에 주력하였으며, 점차 정치참여의 중요성을 인식하게 되었다.

네 번째 단계는 충돌단계(1946~1969년)이다. 일본항복이후 영국은 다시 말레이시아를 지배하였지만, 점차 몰락하기 시작하였다. 말레이시아의 민족주의 정서는 점차 고조되었으며, 드디어 1957년에 말라야연방정부가 설립되었고, 1963년 말레이시아가 독립하였다. 말레이시아 독립 이후, 중국과의 이중국적 문제가 해결되자 중국 국적을 가지고 있던 화교들이 귀화하여 화인으로의 신분전환을 완성하였다. 말레이시아 국적을 취득한 화인은 현지 거주국에서 다시 화인단체를 구성해 활발한 활동을 이어갔다. 특히 말레이시아 국민으로서 참정권이 부여되자 정치단체가 대폭 확대되었다. 현지에 거주하고 있으면서 여전히 중국국적을 보유하고 있던 화교가 귀화하여 화인으로 신분이 전환되자, 기존의 화교단체도 화인단체로 성격이 전환되었다. 화인단체의 활동 내용은 점차 말레이시아 주류사회 진출에 초점을 두었으며, 말레이시아 경제 발전에 힘을 이바지하기 시작하였다. 화인단체는 이주민인 화인들이 평등한 시민권을 요구하고, 국가 정치활동에 참여하며, 자유롭게 경제활동을 추진하고, 교육 및 문화 활동을 유지하는데 큰 역할을 하였다. 그러나 1940년대부터 1960년대 말까지 말레이시아 정부는 "말레이인 우대" 정책을 적극 추진하여 화인의 경제활동 및 정치참여를 제한하였다. 다종족·다문화 국가 말레이시아에서 화인과 말레이인은 상이한 언어, 문화, 종교로 인해 상호 간의 이질감을 증폭시켜, 복합적인 종족관계를 형성하고 있다. 특히 1969년 5월 선거결과로 잠재된 이러한 갈등이 소요사태로 이어져 종족갈등이 최고조에 이르렀다. 이러한 종족 간의 소요사태로 인해 수백 명의 화인이 사망하였다.

다섯 번째 단계는 성숙기(1961~1991년)이다. 1969년 화인사회에서 "5·13" 사건으로 불리는 유혈사태 이후, 화인은 말레이인을 비롯한 말레이시아 기타 종족과의 소통과 교류에 주목하기 시작하였다. 따라서 화인단체는 화인들의 이익을 보호하는 동시에 말레이인, 인도인 등 기타 종족과의 조화로운 관계를 유지하는 것으로 역할을 전환하기 시작하였다. 수십 년의 발전을 거쳐 화인단체의 조직기구, 관리체계, 설립 취지는 점차 민주화, 현지화 되어 안정적인 발전단계에 접어들었다. 특히 1970년대 이후 말레이시아 정부는 부미푸트라(Bumiputra) 우대정책인 신경제정책을 20년에 걸쳐 장기적으로 실행하게 된다. 신경제정책은 정부가 개입해 종족 간의 빈부차를 없애고 종족 간의 경제 차이를 줄여 말레이시아 민족갈등을 최소화하는 것이 목적이다. 따라서 모든 범주의 상업과 산업 활동에 부미푸트라를 참여시킴으로써 종족 간의 빈부 격차를 줄여 사회통합을 실현하고자 하였다.[29] 20년 동안 시행된 신경제정책은 절대적인 빈곤을 타파하고 경제발전에 기여한 것은 부정할 수 없으나, 지나친 부미푸트라 우대정책은 경제성장에 제약이 되기도 하였다. 특히 말레이인을 우대하기 위한 정부의 과도한 정책은 화인의 투자 감소와 박탈감으로 이어져 새로운 종족 갈등으로 확대 재생산되기도 하였다.[30] 말레이시아 정부가 신경제정책을 추진하는 이 시기, 화인단체 및 단체 리더들은 화인사회를 이끌

---

29 송준수(2010), "말레이시아 화인 디아스포라의 현지적응 실태조사 연구: 쿠알라룸프르 화인 디아스포라를 중심으로", 전남대학교 석사학위논문, pp. 31-39.

30 김종업 · 최종석(2011), "말레이시아 종족간의 갈등 원인과 현황 연구: 신경제정책과의 연관성을 중심으로", 『社會科學論叢』 제42집 1호, p. 46.

어가는 핵심역량으로 성장하였으며, 많은 화인단체가 통합되어 전국적인 단체로 성장하였다.

여섯 번째는 1991년부터 현재까지이다. 신경제정책을 기반으로 말레이시아는 급속한 경제성장을 이루었지만, 말레이인을 비롯한 부미푸트라에게 많은 특혜를 부여하는 차별정책으로 인해 종족갈등이 고조되자 1991년 '비전2020'이라는 새로운 국가 발전 전략을 제시하게 된다. 말레이시아의 상징이라고 할 수 있는 '비전2020'의 '말레이시아인을 위한 말레이시아' 슬로건에는 다문화, 다종족, 다종교인 말레이시아가 다름을 버리고 하나가 되어야 한다는 국가통합 이념이 내포되어있다. 다시 말해, "부미푸트라와 비부미푸트라를 구분하지 않고 누구든지 열심히 일하면 일한만큼 대우를 받아야 한다"는 논리가 말레이시아 정치 변화의 방향이 되고 있는 것이다. 이러한 배경 하에 말레이시아 화인은 점차 주류사회에 진출하게 되었으며, 정치참여도 더욱 활성화되었다. 화인사회의 역량을 강화하기 위해 화인단체는 점차 각 지역의 단체를 통합하여 전국적인 단체로 재구성해 영향력을 확대시켰다. 예컨대 1991년 12월 말레이시아 전국 13개 주의 중화대회당은 통합하여 "말레이시아 중화대회당 총회(马来西亚中华大会总会)"를 설립하였다. 이를 시작으로 화인단체는 지방으로부터 중앙에 이르는 "화인단체연합회(华人社团联合会)" 모델로 발전하기 시작하였다.

(3) 화인단체의 특징

말레이시아 화인이주와 역사를 함께한 화인단체는 200여 년의 발전과정에서 새로운 특징을 나타내고 있다. 첫째, 화인단체가 여전히 증가하고 있다는 것이다. 비록 정부에 공식적으로 등록한 많은 화인단체가 적극적으로 활동을 전개하지 않는 경우가 많지만, 말레이시아 단체등록부서의 통계에 따르면 화인단체는 여전히 증가하고 있는 추세이다. 1969년 말레이시아 정부에 공식적으로 등록한 화인단체는 3,268개, 1975년 3,582개, 1993년 5,762개,

2001년 7,276개, 2005년에 이르러 화인단체의 규모는 7,900개로 증가하였다.[31]

둘째, 전국적인 대규모 화인단체가 증가하고 있다. 말레이시아 화인단체의 협력이 강화됨에 따라 점차 6개 유형의 연합회가 나타났다. 가장 대표적인 것이 바로 말레이시아 중화대회당 총회(马来西亚中华大会堂总会)이다. 중화대회당 총회는 말레이시아 13개 주의 중화대회당 및 화인단체연합회가 포함된다. 다음은 말레이시아 중화공상 연합회(马来西亚中华工商联合会)가 있다. 이는 말레이시아 각 지역에 설립된 중화공상총회가 포함된다. 또한 말레이시아 화인학교 이사회연합 총회(马来西亚华校董事会联合总会), 말레이시아 화인학교 교사연합회 총회(马来西亚华校教师联合会总会)도 전국적인 화인단체이다. 지연과 혈연을 기반으로 구성된 화인단체도 전국적인 규모로 성장하였다. 예컨대 말레이시아 푸젠 단체연합회(马来西亚福建社团联合会), 말레이시아 차오저우 공회연합회(马来西亚潮州公会联合会), 말레이시아 하이난 회관연합회(马来西亚海南会馆联合会), 말레이시아 황씨 연합총회(马来西亚黄氏联合总会), 말레이시아 천씨 종친총회(马来西亚陈氏宗亲总会) 등 수십 개 지연 및 혈연단체가 통합되어 전국 규모의 단체로 발전하였다. 이외에도 학연을 중심으로 구성된 연합회가 있다. 말레이시아 남양대학 학우회(马来西亚南洋大学校友会), 말레야대학교 중국어학과 졸업생협회(马来亚大学中文系毕业生协会), 말레이시아 화인학교 학우회연합총회(马来西亚华校校友会联合总会) 등이 그 대표적 단체이다. 아울러 문화, 종교, 청년 등 다양한 분야에서도 전국적인 화인단체가 구성되어 있다. 말레이시아 문화협회(马来西亚文化协会), 말레이시아 불교청년총회(马来西亚佛教青年总会), 말레이시아 청년운동총회(马来西亚青年运动总会), 말레이시아 불교총회(马来西亚佛教总会), 말레이시아 도교총회(马来西亚道教) 등도 전국 규모의 단체로 성장하였다. 말레이시아 화인단체가 점차 통합되고

---

31 林奋之(2008), "马来西亚华人社团的新特点", 『东南亚纵横』 2008年 第3期, p. 29.

집중되는 과정에서 비록 화인단체를 총괄적으로 관리하는 기구가 형성되지 않았지만, 말레이시아 중화대회당 총회, 말레이시아 중화공상 연합회, 말레이시아 화인학교 이사회연합회 총회 및 말레이시아 화인학교 교사회 총회가 가장 대표적인 단체로 성장하였다.

셋째, 글로벌시대의 도래와 함께 말레이시아 화인단체도 점차 국제적 단체로 성장하고 있다. 말레이시아 화인단체의 국제화는 세계화인단체의 글로벌화와 동시에 진행되고 있다. 1990년대 이후 세계화상대회, 세계객가조직, 세계차오저우단체친목대회 등은 2년마다 전 세계적으로 대회를 개최하였다. 세계 각국에 산재해 있는 화교·화인들은 이러한 대회를 통해 국경을 초월한 글로벌 네트워크를 구축하고 있다. 이러한 시대적 배경 하에 말레이시아 화인단체도 적극적으로 국제대회를 개최해 기타 지역 화교·화인과 네트워크를 구축하고 있다.

(4) 대표적 화인단체

이 책에서는 화인단체를 심도 있게 분석하기 위해 말레이시아 각 지역에 있는 다양한 유형의 화인단체를 방문하여 자료를 수집하였다. 쿠알라룸푸르에서는 가장 대표적인 화인단체 쿠알라룸푸르·셀랑고르 중화대회당(吉隆坡暨雪兰莪中华大会堂)을 방문하였다.

① 쿠알라룸프르·셀랑고르 중화대회당

1923년에 설립된 쿠알라룸푸르·셀랑고르 중화대회당은 화인단체를 이끌어가는 핵심단체로 단체회원만 모집하고 있다. 현재 소속되어 있는 단체회원으로는 셀랑고르 푸젠회관(雪兰莪福建会馆), 셀랑고르 더저우회관(德州会馆)을 비롯한 지연(地缘) 중심의 단체, 셀랑고르 중화공상총회(隆雪中华工商总会)를 비롯한 업연(业缘)중심의 단체, 말레이시아 화문작가협회(马来西亚华文作家协会)를 비롯한 문화교육단체, 셀랑고르정무체육회(雪兰莪精武体育会)를 비

사진 4.15 쿠알라룸푸르 · 셀랑고르 중화대회당

롯한 체육단체 등 다양한 단체가 포함되어 있다.

쿠알라룸푸르·셀랑고르 중화대회당은 단체 건물로도 유명하다. 현재 중화대회당이 위치한 건물은 1934년에 착공되었으며, 2007년에 말레이시아문화예술·문화재부서로부터 국가문화재로 지정되었다.

쿠알라룸푸르·셀랑고르 중화대회당은 말레이시아의 정치·경제·문화·교육의 중심지인 쿠알라룸푸르에 위치해 있으며, 1983년에 처음으로 전국 화인단체 문화대회를 성공적으로 개최해 화인사회에서도 리더 역할

사진 4.16 쿠알라룸푸르 · 셀랑고르 중화대회당 건물 사진

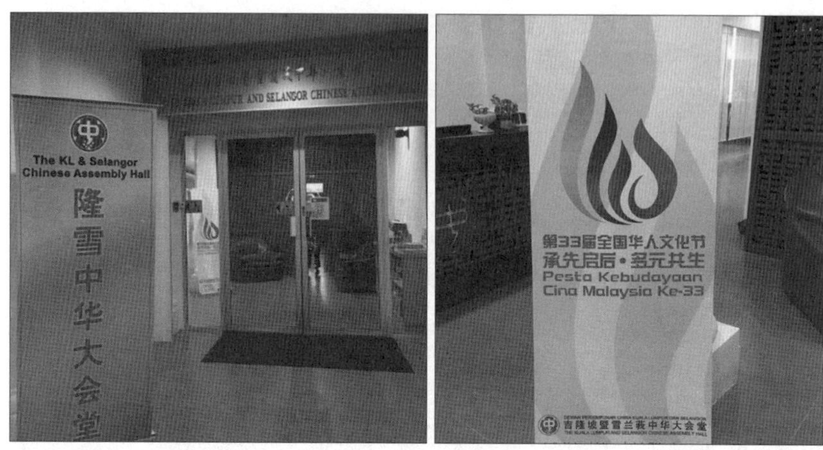

사진 4.17 쿠알라룸푸르 · 셀랑고르 중화대회당 내부 사진

을 담당하고 있다. 중화대회당은 아래와 같은 설립취지로 단체활동을 추진하고 있다. 우선, 중화대회당은 화인단체의 결속력을 강화하고, 화인단체의 활동을 조정하며, 민족권익을 보호하고, 화인들의 목소리를 반영하는 것을 주요 목적으로 한다. 또한 화인의 문화를 유지·계승하고, 사회복지를 발전시키며, 각 종족의 단결을 추진하고 국가 발전에 힘을 이바지 하는 것이다.

쿠알라룸푸르·셀랑고르 중화대회당의 활동은 사회경제, 문화교육, 사회복지 등 다양한 영역이 포함된다. 중화대회당의 이러한 활동은 사회경제위원회, 문화교육위원회, 복지위원회, 연락위원회, 여성팀, 청년단, 민권위원회 등 행정기구를 통해 체계적으로 이루어지고 있다.

② 페낭화인대회당

말레이시아 화인집거지인 페낭에서는 페낭화인대회당(槟州华人大会堂)을 방문하여 자료를 수집하였다. 페낭화인대회당의 전신은 핑장회관(平章会馆)으로 19세기 말에 설립되었다. 핑장회관은 영국 식민주의시기 화교들의 갈등과 모순을 해결하기 위해 설립되었다. 1974년 핑장회관은 페낭화인

사진 4.18 페낭화인대회당

대회당으로 단체이름을 변경하였으며, 1983년 페낭화인대회당 10층 건물이 착공되었다. 현재 페낭화인대회당에는 520개의 단체회원과 48,978명의 개인회원이 활동하고 있다.

페낭화인대회당의 설립취지는 다음과 같다. 페낭에 거주하고 있는 화인의 사회복지를 추진하고, 화인의 친목을 도모하며, 화인들의 갈등과 모순을 해결한다. 또한 화인의 경제발전을 추진하며, 말레이시아 국민으로서의 국민인식을 강화한다. 다양한 봉사활동에 참여함으로써 화인과 기타 종족의 조화로운 종족관계를 발전시킨다.

사진 4.19 페낭화인대회당 내부 사진

③ 말라카 차이나타운 화인단체

모국을 떠나 거주국에서 새로운 삶의 터전을 개척한 화인들은 가족과 가문의 안전을 보장하기 위하여 가까운 동향인과 강력한 연대를 가지는 일종의 집단안보 의식을 가지고 있다. 이러한 안보의식을 기반으로 화인들이 자발적으로 구성한 것이 바로 방(帮)이다.[32]

19세기부터 대규모로 동남아로 이주한 화인들은 그들의 출직지역을 중심으로 푸젠방(福建帮), 광둥방(广东帮), 객가방(客家帮), 차오저우방(潮州), 하이난방(海南帮) 5대방을 형성하였다. 이는 화인들의 최초의 커뮤니티라고 할 수 있다. 푸젠방 출신 화인들은 주로 무역과 금융업에 종사하고 있고, 광둥방 출신 화인은 건설과 호텔 등 업종에 주력하고 있으며, 객가방의 경우 의사·변호사·교수 등 전문직에 종사하고 있다.[33] 또한 차오저우방 출신 화인들은 무역, 잡화, 농수산물 등 업종에 종사하고 있으며, 하이난방 출신 화인은 요리업이나 서비스 업종에 주력하고 있다.

사진 4.20 말라카 푸젠회관(福建会馆)

사진 4.21 말라카 차우저우회관(潮州会馆)

---

32 홍재현(2008a), "말레이시아 화교의 특성", 『중국인문과학』 제38호, p. 438.

33 홍재현(2008a), p. 438.

사진 4.22 말라카 임씨종친회(林氏宗祠)

사진 4.23 말라카 신·가·채종친회(辛柯蔡宗祠)

화인의 출신지역으로 구성된 방(帮)은 구체적으로 회관(会馆)으로 조직되었다. 회관은 모국으로부터 지원이나 보호를 기대할 수 없고, 현지 식민정부에 의한 사회적·경제적 서비스의 공급이 불충분한 상황에서 화인들의 상호협동기관으로 작용하였다. 회관은 화인사회에서 다양한 역할을 담당한다. 화인들의 일상 정보 교환, 공공시설 건설, 관혼상제에 대한 부조는 물론, 친목도모를 위한 화인 문화 활동도 추진한다. 출신지역을 중심으로 한 동향회관 외에 화인사회는 동성친족의 혈연적 조직인 종친회, 동업자 조직인 동업회관(行会)을 중심으로 응집력 강한 화인 공동체를 형성하고 있다.[34] 말레이시아 화인사회는 현재까지도 이러한 동향회관, 종친회, 동업회관을 유지하고 있다.

말레이시아 화인의 또 하나의 집거지인 말라카에서는 혈연과 지연을 중심으로 한 단체를 방문하여 자료를 수집하였다. 말라카는 말레이시아에서 가장 오랜 역사를 가지고 있는 도시 중의 하나이며, 중국계 이주민이

---

34 홍재현(2008a), p. 438.

말레이반도로 유입해 정착한 최초의 집거지이기도 하다.

말라카 차이나타운에는 푸젠회관(福建会馆), 차오저우회관(潮州会馆), 하이난회관(海南会馆)을 비롯한 지연을 중심으로 한 화인단체가 설립되어 있을 뿐만 아니라, 임씨종친회(林氏宗祠), 신·가·채종친회(辛柯蔡宗祠)를 비롯한 혈연 중심의 화인단체가 설립되어 있다.

3) 화인신문

(1) 화인신문 현황

"물이 흐르는 곳에는 화인이 있고", 화인이 있는 곳에는 화인신문이 있다. 화인신문은 말레이시아 화인이 민족언어를 유지하고, 전통문화를 보존·계승하는 중요한 매개체이다. 전 세계에 화인이 밀집거주 하고 있는 지역에는 모두 화인신문이 발행되고 있다. 말레이시아는 해외 화인신문의 발원지이며, 화인신문의 종류와 발행량이 가장 많은 국가이다.

말레이시아는 전 세계에서 화인신문이 가장 발달한 지역이다. 역사 기록에 따르면, 세계 첫 해외 화인신문 "찰세속매월통기전(Chinese Monthly Magazine)"이 바로 1815년 8월 15일 말레이시아 말라카에서 발행되었다. 말레이시아에는 동남아 지역에서 발행량이 가장 많은 "싱저우일보(星洲日报)"가 있고, 1910년 순중산(孙中山)이 말레이시아 페낭에서 창간한 "광화일보(光华日报)"가 있다. "광화일보"는 말레이시아 북부에서 규모가 가장 크고, 가장 오랜 역사를 가지고 있는 화인신문이다. 또한 1937년 화상(华商) 천쟈경(陈嘉庚)이 말레이시아에서 창간한 화인신문 "남양상보(南洋商报)"가 있으며, "중국신문(中国报)", "국제일보(国际日报)", "화교일보(华侨日报)" 등은 모두 동남아 지역에서 거대한 영향력을 행사하고 있는 동시에 오랜 역사를 가지고 있는 대표적 화인신문이다.

1815년 첫 화인신문이 발행된 이후, 말레이시아 화인신문의 발행량은 전 세계에서도 가장 큰 규모를 기록하고 있다. 2003년 화인신문을 여전히 발행하고 있는 말레이시아 신문사는 20개이며, 전 세계 화인신문의 1/5를 차지한다. 말레이시아는 전 세계에서 화인신문이 가장 많은 국가이며, 발행량이 100만부에 이른다. 이는 말레이시아 현지에서 발행하는 말레이어 신문과 영어신문의 총합보다도 많은 발행량이다.[35]

비록 말레이시아 화인 인구가 감소됨에 따라 화인신문의 발행량도 축소되고 있는 상황이지만, 화인신문에 대한 수요와 발행 필요성은 여전히 존재한다. 말레이시아 화인단체의 조사에 따르면, 전체 말레이시아 화인 중에서 매일 화인신문을 읽는 화인 규모는 230만~260만 명에 이른다. 화인미디어의 보급률은 60%에 이르며, 만약 중국어를 모르는 화인가정을 배제할 경우 보급률은 80%에 이른다.[36]

(2) 화인신문의 발전 역사

화인신문은 화인이 말레이시아로 이주한 초기부터 창간되었다. 화인신문은 이주민으로서의 화인이 거주국에서 정보를 교류하고, 공동체를 형성하는 매개체이며, 그들이 말레이시아에서 뿌리를 내리는 정착기제이기도 하다.

200여 년의 발전 과정을 거쳐 화인신문으로부터 시작한 화인미디어는 점차 TV, 인터넷 등으로 발전하였다. 화인신문은 현지에 뿌리를 내려 화인의 거주국 적응 역사와 그들이 주류사회로 진출하는 과정을 기록하였다. 말레이시아와 싱가포르는 모두 말레이반도에 포함되기에 말레이시아 화인신문의 발전역사를 고찰하기 위해서 싱가포르를 간과해서는 안 된다. 따라서 다음은 말레이시아와 싱가포르의 화인신문 발전사를 통해 화인미디어의 발전과정을 살펴보도록 하겠다.

---

35 巫连心(2010), "马来西亚华文报研究现状分析", 『东南亚纵横』 2010年11期, p. 88.

36 陈俊林(2012), "马来西亚华文媒体对中华文化传承的贡献", 『东南亚纵横』 2012年第5期, p. 58.

표 4.14 싱가포르 · 말레이시아 화교 · 화인신문 발전사(1815~2001년)

연도	날짜	사건
1815	8월 5일	외국선교사에 의해 "찰세속매월통기전(Chinese Monthly Magazine)"이 말라카에서 창간되었음. 이는 말레이시아 최초의 화인신문, 또한 세계 최초의 근대 중국어 신문.
1881	12월 1일	싱가포르 첫 화인신문 "러보(叻报)" 창간
1889		말레야 화인이 처음으로 만든 화인신문 "화양신보(华洋新报)"창간
1890	2월 13일	싱가프로 "성보(星报)" 창간
1895	8월 8일	화인신문 "페낭신보(槟州新报)" 페낭에서 창간
1897	2월 11일	화인신문 "광시무보(广时务报)" 쿠알라룸푸르에서 창간
1898	5월 26일	싱가포르 화인신문 "천남신보(天南新报)" 창간
1899	10월 5일	싱가포르 화인신문 "성보(星报)"가 "일신보(日新报)"로 개편되어 발행
1905		싱가포르 화인신문 "남양총회보(南洋总汇报)" 창간
1909		싱가포르 "싱저우조보(星洲早报)" 창간
1910	12월 2일	순중산이 창립한 "광화일보(光华日报)"가 페낭에서 창간, 이는 현존한 가장 오래된 해외 화인신문
1911		싱가포르 "남교일보(南桥日报)" 창간
1914	5월 26일	싱가포르 "국민일보(国民日报)" 창간
1916		싱가포르에서 가장 오래된 화문서점 상무인서관(商务印书馆) 설립
1917		"남양화교잡지(南洋华侨杂志)"가 페낭에서 창간. 이는 말레야 최초의 화문잡지
1917	4월 1일	싱가포르 최초의 화교학교 간행물 "양정학교월보(养正学校月报)" 창간
1922	3월	싱가포르 최초의 단체 간행물 "싱가포르중화총상회월보(新加坡中华总商会月报)" 창간
1923		중화서점 싱가포르 분점 설립
1923	9월 6일	남양화교기업가 천쟈겅(陈嘉庚)이 "남양상보(南洋商报)" 창립
1927	6월 2일	싱가포르 최초의 화문화보 "남양화보(南洋画报)" 창간
1929	1월 15일	화교기업가 후원후(胡文虎)가 창립한 "싱저우일보"가 싱가포르에서 발행
1935	9월 11일	후원후가 창립한 "싱중일보(星中日报)" 발간
1936	10월 1일	말레야 "현대일보(现代日报)"가 페낭에서 창간
1939	1월 1일	"싱빈일포(星槟日报)"가 페낭에서 창간

연도	날짜	사건
1941		후원후가 설립한 싱시우신문유한공사(星系报业有限公司)가 싱가포르에서 설립
1945	8월 23일	말레야 화문신문 "민생보(民生报)"가 쿠알라룸푸르에서 창간
	10월 1일	화인신문 "중화일보" 창간
1946		싱가포르 "공보(公报)" 창간
	2월 1일	말레야 화인신문 "중국보(中国报)"가 쿠알라룸푸르에서 창간
	11월 21일	천쟈겅이 창립한 "남교일보"가 싱가포르에서 발행
1947	5월 16일	싱가포르 "중남일보"가 "중흥일보(中兴日报)"로 개명
1950	9월 2일	영국식민주의 정부가 싱가포르 남교신문사 수색. "남교일보(南桥日报)", "남교석간신문(南桥晚报)" 강제로 폐간.
1952	4월 1일	사라왁 "시화일보(诗华日报)" 창간
1957	6월 8일	사라왁 화인신문 "미리일보(美里日报)" 창간
	7월 7일	화인신문 "말레야통보(马来亚通报)" 창간
	8월 31일	말레이시아 독립 이후, 페낭 "광화일보"는 "말레야 화교신문이 말레야 화인 신문으로 변경되었다"고 선포.
1961		화인신문 "신생일보(新生日报)" 창간
1962	10월	싱가포르 "남양상보"가 쿠알라룸푸르에서 발행. 이 후 말레이시아 독립적인 화인신문으로 발전
1966	7월 7일	싱가포르 "싱저우일보"가 쿠알라룸푸르에서 발행. 이 후 말레이시아 독립적인 화인신문으로 발전
1967	3월 29일	싱가포르 "신명일보(新明日报)"가 쿠알라룸푸르에서 발행. 이 후 말레이시아 독립적인 화인신문으로 발전
1968	10월 1일	사라왁 "국제일보(国际新报)" 창간
1972	10월 15일	쿠알라룸푸르 "남양상보(南洋商报)"를 포함한 일부 말레이시아 화인신문이 간체자를 사용하기 시작.
1980	9월 28일	말레이시아편집(화문)협회 설립
1985	6월	말레이시아 화인신문 "신명일보(新明日报)"가 합병됨. 이는 말레이시아에서 첫 화인이 운영하지 않는 화인신문임.
1986	12월 18일	말레이시아 페낭 "광명일보(光明日报)" 창간
1991	3월	말레이시아 남양신문그룹이 "중국보(中国报)" 합병. 남양신문그룹은 말레이시아에서 가장 큰 규모의 화인신문그룹으로 성장.
1995	10월 18일	말레이시아 "싱저우일보"가 온라인 신문으로도 발행됨.
1996	1월 1일	말레이시아 "남양상보"가 온라인 신문으로도 발행됨.

출처: 陈俊林(2012), "马来西亚华文媒体对中华文化传承的贡献", 『东南亚纵横』 2012年 第5期, p. 56.

(3) 화인신문의 역할 및 영향력

화인신문은 말레이시아 화인이 현지 거주국에서 안정적으로 정착하는 적응기제 중의 하나로서 민족언어를 유지하고 민족공동체를 구축함에 있어서 중요한 역할을 담당하고 있다.

첫째, 화인신문은 민족언어인 중국어를 유지하고 보급하는데 적극적인 요인으로 작용하고 있다. 화인신문의 가장 주요한 언어는 중국어이다. 따라서 화인신문은 중국어를 보급시키고 화인독자들의 중국어 수준을 향상시키는 역할을 담당하였다.

둘째, 화인신문은 화인의 전통문화를 보존하고 계승하는 역할을 담당하고 있다. 예컨대 "싱저우일보"의 경우, 1990년에 "화종문학상(花踪文学奖)"을 설립해 화인문학의 발전에 힘을 이바지하였다. "화종문학상"은 말레이시아의 최고 문학상 중의 하나로 2년에 한 번씩 시상하며, 말레이시아 화인문학상, 신인상, 말레이시아문학대상으로 구분된다. 그 중 말레이시아 화인문학상은 소설상(小说奖), 수필상(散文奖), 신시상(新诗奖), 보고문학상(报告文学奖)으로 나누어 시상하며, 신인상에는 소설상(小说奖), 수필상(散文奖), 신시상(新诗奖)이 있다. 또한 2001년에는 "화종세화문학상(花踪世华文学奖)"를 추가로 설립해 말레이시아 화인 문학은 물론, 전 세계의 유명한 화인 문학작품을 포함시켰다. 20여 년의 발전 과정을 거쳐 현재 "화종문학상"은 전 세계 화인 문학작품을 대표하는 글로벌 시상식으로 성장하였다.

셋째, 화인신문은 다양한 공익 활동에 참여해 중화문화를 홍보하는 역할을 담당하고 있다. 예컨대 말레이시아 "싱저우일보"의 경우, 화인학교, 화인단체를 지원하거나 독립적으로 봉사활동을 주최하는 방식으로 해마다 200여 차례의 봉사활동에 참여한다. 이러한 대외활동은 화인문화를 홍보하고 보존하는데 적극적인 요인으로 작용하고 있다.

(4) 말레이시아 "싱저우일보"

"싱저우일보"는 말레이시아에서 규모가 가장 큰 화인신문이다. 말레이시아 화인을 위해 힘을 이바지하는 것을 취지로 한 "싱저우일보"는 1929년에 창간되었다. 1929년 당시 "싱저우일보"는 싱가포르에서 창간되었다. 싱가포르는 기존에 싱저우(星洲)라고 불렸기에 "싱저우일보"라는 명칭도 여기에서 유래되었다.

"싱저우일보"는 말레이시아 전국에서 발행되고 있으며, 인근 국가인 태국 남부, 브루나이, 인도네시아, 캄보디아에서도 발행되고 있다. 말레이시아 "싱저우일보"는 매일 150만 명에 이르는 화인 독자를 위해 정보를 제공하고 있다. "싱저우일보"의 발행규모는 40만부에 이르며, 2007년 기준 말레이시아 국내 독자는 120만 명에 이르렀다.[37] "싱저우일보"의 평일 발행규모는 말레이어 신문과 영어 신문을 초과하여 말레이시아 26개 신문사, 4개 언어 신문 중 발행량이 가장 많은 신문으로 성장하였다. "싱저우

사진 4.24 싱저우일보 신문사 사진

37 萧依钊(2008),『星洲日报历史写在大马的土地上』, 星洲日报, p. 18.

일보"는 말레이시아 주류 미디어로 자리매김하였으며, 말레이시아 정계(政界)에도 영향력을 행사하는 신문사로 발전하였다.

"싱저우일보"는 영국식민주의시대, 항일시대, 독립운동, 말레이시아 건국 등 말레이시아 역사의 흐름을 기록한 신문사이다. 창간이후 80여 년 동안 "싱저우일보"는 두 번의 정간(停刊)이 있었다.

첫 번째 정간은 1942년부터 1945년, 일본군의 침략으로 인해 강제 정간되었으며, 두 번째는 1987년 10월 27일 말레이시아 정부의 제한정책으로 정간되었다. 1988년 4월 8일 "싱저우일보" 사장 장샤오칭(张晓卿)을 비롯한 관계자의 노력으로 "싱저우일보"는 다시 발행할 수 있게 되었다. 복간(复刊)된 "싱저우일보"의 발행량은 대폭 증가해 40만부에 이르렀으며, "싱저우일보"의 이념과 취지는 말레이시아 화인사회의 인정을 받았다.

1979년 "싱저우일보"는 말레이시아 정부의 요구에 따라 간체자(简体字)를 사용하기 시작하였다. 간체자 사용 초기 "싱저우일보"는 간체자와 번체자(繁体字)의 비교표를 만들어 보급시킴으로써 말레이시아 화인이 하루 빨리 간체자를 받아들이는데 적극적인 역할을 수행하였다. 현재 "싱저우일보"는 여전히 간체자와 번체자를 함께 사용하고 있다.

2004년 10월 18일 "싱저우일보"는 "광명일보(光明日报)", "아시아의 눈(亚洲眼)", "싱저우사이트(星洲网站)", 교육신문 "쉐하이(学海)", "싱싱(星星)", "샤오싱싱(小星星)"과 함께 싱저우미디어그룹으로 통합하여 쿠알라룸푸르에서 상장하였다. 2007년 1월 29일에는 홍콩명보그룹(香港明报集团)과 합병하는 동시에 남양신문(南洋报业)와 협력함으로써 글로벌 신문사로 거듭났다. 현재의 "싱저우일보"는 이미 말레이시아에서 규모가 가장 큰 화문신문으로 성장하였다.

치열한 말레이시아 화문신문 시장에서 많은 신문사가 폐간되고 사라졌지만, "싱저우일보"는 말레이시아 정치, 사회, 문화의 변천과 함께 여전히 굳건히 성장하고 있다. 현재의 "싱저우일보"는 말레이시아 화인신문의 리더 역할을 담당하고 있을 뿐만 아니라, 점차 영향력을 확대하여 글로벌 신문사로 발전하였다. "싱저우일보"는 종합신문으로서 정치, 경제, 사회, 문화, 스포츠, 연예 등 다양한 정보를 제공하고 있으며, 시사평론이나 사설분석도 화인사회의 인정을 받고 있다. 아울러 "싱저우일보"는 해마다 수십 차례의 문화, 문학, 교육활동을 개최하여 화인사회 발전에 힘을 이바지하고 있다. 예컨대 화인 문학을 발전시키기 위해 창설한 "화종문학상(花踪文学奖)", "화종(花踪) 문학·예술 캠프", "화인 문학특강" 등은 이미 말레이시아 화문 문학계에서 중요한 위치를 차지하고 있으며, 전 세계 화문 문화계에서도 영향력을 발휘하고 있다. "싱저우일보"는 화인 문학을 발전시키기 위해 해마다 대규모의 인력과 재력을 투입해 다양한 특강을 개최하고 있다. 이러한 특강에는 국내외 석학과 전문가를 초청해 말레이시아 화인사회에 새로운 이념과 정보를 전달하고 있다. "싱저우일보"가 주최하는 초청 특강은 해마다 백여 차례 개최되고 있으며, 참여자는 10만 명에 이른다. 이러한 행사는 말레이시아 사회문화 발전은 물론, 중화문화의 보존과 계승, 화인 문학의 발전에도 중요한 역할을 담당하고 있다.

사진 4.25 싱저우일보 신문사

"싱저우일보"는 말레이시아 화인사회의 발전을 위해 다양한 노력을 하고 있지만, 화인사회에만 제한되어 있는 것이 아니다. "싱저우일보"는 "이슬람과 유가의 대화"를 비롯한 다양한 국제학술대회를 개최하는 방식으로 말레이시아 여러 종족의 교류와 융합을 추진하고 있다. 조화로운 종족관계와 국민 단결을 지향하는 "싱저우일보"의 이념은 화인사회뿐만 아니라, 다양한 종족사회의 인정을 받고 있다. 또한 싱저우미디어그룹은 "싱저우일보기금"을 설립해 다양한 모금운동을 통해 말레이시아 화인학교 및 기타 종족의 소외계층을 지원하고 있다.

동남아시아 지역에서 화인신문, 화인학교, 화인단체는 화인사회를 구성하는 3대 버팀목으로 주목받고 있다. 말레이시아에서 화인신문은 화인들이 거주국에서 안정적으로 정착하기 위해 필요한 정착기제인 동시에 화인사회의 목소리를 반영하는 창구이기도 하다. 화인신문의 설립과 성장은 화인 전통문화를 보존하고 계승한 결과물이며, 또한 중화문화를 유지하고 발전시킨 성과이다. 다종교·다종족·다문화 국가 말레이시아에서 화인신문은 치열한 경쟁 속에서 화인사회의 전통과 문화를 계승하고 있을 뿐만 아니라, 화인과 말레이인, 인도인을 비롯한 기타 종족과의 조화로운 관계를 유지하기 위해 적극적인 영향요인으로 작용하고 있다.

4. 말레이시아 화인사회 특징

인도네시아 화인 디아스포라가 정부의 제한정책으로 인해 주변화 되어 '보이지 않는' 화인사회를 형성한 것과 달리, 말레이시아 화인은 적극적인 정치참여와 활발한 경제활동을 기반으로 말레이시아 주류사회에 진출하였다. 화인은 말레이시아 현대화 과정에서 주요한 행위자로 등장해 말레이시아 국가 발전에 없어서는 안 되는 추진 역할을 담당하였다. 다음은 정치·경제·문화 차원에서 화인사회의 특징을 고찰함으로써 그들이 진정한 말레이시아 사회 구성원으로 성장하는 과정을 살펴보고자 한다.

1) 정치참여 활성화

화인은 말레이시아 정치현대화 발전의 추진자 역할을 담당하였다. 동남아시아 지역에서 말레이시아 화인의 정치참여는 가장 일찍 시작되었으며, 현재까지도 가장 활발하게 진행되고 있다. 동남아 각 국에서 화인이 하나의 종족으로서 정치활동에 참여하는 것은 대부분 1970년대 이후부터 시작되었다.

1930년대 인도네시아 화인은 "중화당(中华党)"을 창립하였으나 빈약한 사회기반으로 인해 오래지 않아 해체되었다. 말레이시아 화인의 정치참여 의식도 1930년대부터 발아되었다. 1932년 12월 당시 말레이시아 화인사회의 리더 천전루(陈祯禄)는 영국 주 말레야 총독에게 장편의 정치선언을 제출하였다. 그는 말레이시아 화인이 정치적으로 취약하고, 합법적인 권익을 보장받지 못하고 있는 상황이라고 주장하면서 영국정부가 화인의 정치적 권리를 보장할 것을 요구하였다. 이는 말레이시아 화인이 제시한 최초의 정치적 욕구이다.[38] 1947년 1월 "남양상보(南洋商报)"는 시론에서 "화교의 경제이익과 정치적 권리는 분리할 수 없다. 정치적 권리가 없으면 우리의 공상업은 수시로 배제되거나 침범될 수 있다. … 화교는 현지 정치제도를 간과해서는 안 된다"고 분석하였다.[39] 이러한 내용은 화인의 정치적 의식을 반영하고 있으며, 그들의 정치적 욕구를 표출한 것으로 분석된다.

현재 말레이시아 화인은 그들의 정치적 욕구와 수요를 반영할 수 있는

---

38 庄国土(2003),『二战后东南亚华族社会地位的变化』, 厦门大学出版社, pp. 107-108.

39 许国栋(1995), "论马来西亚华人政治",『华侨华人历史研究』1995年第1期; 李其荣(2010), "论华人在马来西亚现代化中的作用",『中南民族大学学报』第30卷第6期, p. 167 재인용.

정당을 통해 적극적으로 현지 거주국 정치에 참여하고 있다. 말레이시아 화인연합(Malaysian Chinese Association, 马华公会)은 말레이시아에서 규모가 가장 크고, 가장 대표성이 있는 화인 정당이다. 말레이시아 화인연합은 1949년 2월 27일에 창립되었으며, 화인의 생존과 발전을 위해 설립되었다. 초대 회장은 천전루(陈祯禄)가 담당하였으며, 1952년 말레이시아 화인연합은 정치단체로서 말레이인 정당인 연합말레국민조직(UMNO)과 연맹을 결성하였다. 1954년에는 인도인 정당인 말레이시아인도인대회당과 협력하여 공동으로 말레야연맹당을 결성하였다. 1957년 말레이시아 독립이후, 말레이시아 화인엽합은 줄곧 집권당 중의 하나로 활동하였으며, 당원이 70여만 명에 이른다. 말레이시아 화인연합의 취지는 말레이시아 화인사회의 정치·경제·문화·사회복지를 보호 발전시키며, 말레이시아의 조화로운 종족관계를 유지하는 것이다. 창당 60여 년 이래, 말레이시아 화인연합은 일련의 정치·사회활동을 주최하고 참여함으로써 말레이시아 정치 현대화를 실현하는데 적극적인 영향력을 행사하였다. 말레이시아 화인연합은 말레이시아 화인의 국민정체성을 강화하고 화인의 정치참여 의식을 향상시켰으며, 화인이 적극적으로 정계에 진출하고, 화인의 합법적 권익을 보호하는 동시에 그들의 사회복지를 마련하기 위해 다양한 노력을 하였다.

화인정당 뿐만 아니라 화인단체도 점차 정치활동에 참여해 화인사회의 정치적 욕구를 대변함으로써 말레이시아 정계에 새로운 세력으로 부상하였다. 말레이시아 전국에는 4,000여 개의 화인단체가 활동 중이다. 그 중에서도 전국적인 화인단체, 예컨대 셀랑고르 중화대회당(雪兰莪中华大会堂), 말레이시아 화인학교 이사연합총회(马来西亚华校董事联合总会), 말라카중화총상회(马六甲中华总商会), 푸젠단체연합회(福建社团联合会), 광둥회관연합회(广东会馆联合会), 광시총회(广西总会) 등 주요 단체로 구성된 화인 연합단체는 말레이시아 정치활동에 참여하고 있다.

화인단체의 정치참여는 다양한 형식으로 표출된다. 예를 들어, 말레이시아 화인사회는 그들의 민족언어 즉 중국어를 정부 공용어로 채택할 수 있도록 꾸준히 노력해왔다. 따라서 1965년 화인단체는 전국적인 서명 날인 운동을 통해 중국어를 정부 공식 공용어로 채택할 것을 요구하였다. 비록 서명 날인 운동은 실패하였지만, 화인단체의 정치참여의식을 충분히 반영하였다. 또한 1967년 12월 화인단체는 화인이 독립적으로 운영하는 화문대학교를 설립하기 위해 다양한 활동을 펼쳐왔으나, "5·13사건"으로 인해 실패하였다. 말레이시아 화인단체는 화인사회의 합법적 권익을 보장하기 위해 다양한 경로를 통해 그들의 정치적 욕구를 표출하고 있다. 화인단체는 말레이시아 화인사회의 중요한 민간단체로, 화인정당보다 더욱 정확히 화인들의 수요와 의견을 수렴할 수 있다. 따라서 말레이시아 화인은 늘 화인단체를 통해 직접 정부에게 그들의 정치적 의견과 요구를 반영한다.

요컨대, 화인정당과 화인단체는 말레이시아 정치 발전에 있어서 적극적인 요인으로 작용하였다. 특히 글로벌시대가 도래되고 다문화가 주목되고 있는 현재 화인의 정치활동은 말레이시아 사회 발전에 있어서 더욱 큰 영향력을 행사할 것이다.

다른 한편, 말레이시아 화인이 현지사회에 동화되지 않고, 그들만의 공동체를 형성할 수 있는 것은 그들이 적극적으로 정치활동에 참여하여 그들의 정치욕구를 표출하였기 때문이다. 말레이시아는 효과적인 정당정책으로 화인의 정치활동을 적극 장려하였다. 화인은 그들의 이익을 대변하는 정당을 설립해 정치활동에 참여할 수 있으며, 그들의 투표권과 피선거권은 법적보호를 받는다. 화인 정당은 정부와 화인사회의 갈등을 완화하고 모순을 조정하는 역할을 수행하고 있을 뿐만 아니라, 말레이시아 원주민과 화인이 이해를 증진하고, 소통할 수 있는 장을 마련하였다. 말레이시아 정부는 화인 정당과 화인 정치인을 통해 화인사회 현황 및 수요를 파악하며, 이를 기반으로 실효성 있는 정책을 제정한다. 화인 디아스포라의 수요와 의견을 충분히 반영한 효과적인 정책 제정은 말레이시아 민족 갈등을 완화하고 사회 안정을 도모하는데 중요한 영향을 미쳤다.[40]

2) 경제발전의 선구자

화인은 말레이시아 경제발전의 선구자 역할을 담당하였다. 말레이시아 경제는 1970년대부터 발전하기 시작해 40여 년의 발전과정을 거쳐 대규모 외국자본과 산업구조 조정을 통해 경쟁력이 있는 신흥국가로 성장하였다. 1981년 말레이시아 경제성장률은 6.9%, 1998년에는 9.8%, 2000년에는 8.3%, 2016년 현재에는 4.3%를 기록해 꾸준한 경제 성장을 유지하고 있다. 따라서 많은 전문가들은 말레이시아를 상대적으로 안정적이고 신속하게 발전하는 최고의 투자국가로 지목하고 있다. 말레이시아의 이러한 경제성장에는 화인의 역할을 간과해서는 안 된다. 화인은 말레이시아 경제성장의 선구자이다.

말레이시아는 말레이인, 화인, 인도인을 비롯한 26개의 종족으로 구성된 다종족 국가이다. 이러한 다종족 국가에서 각 종족은 말레이시아 정치, 경제, 사회 발전에서 서로 다른 역할을 담당하였다. 영국식민지시대 말레이시아는 아주 특별한 종족경제구조를 형성하였다. 즉, 말레이인이 주로 자급자족의 농업생산에 종사하고, 농촌지역에 거주하였으며, 화인이 주로 농장, 광산, 상업무역 등 업종에 종사하면서 도시와 광산지역에 거주하였다. 독립이후 말레이시아는 여전히 이러한 종족경제구조를 유지해 말레이인이 정치를 주도하고, 화인이 경제를 주도하였다.[41]

화인은 말레이시아 경제발전의 선구자로서, 거대한 경제실력을 기반으로 말레이시아 국민경제에서 아주 중요한 위치를 차지한다. 화인 자본

---

40 김혜련(2014), p. 216.

41 李毅(2003), 『马来西亚工业化进程中的技术学习与技术进步』, 厦门大学出版社, p. 187.

은 현지화, 다원화, 집단화, 국제화라는 특징을 가지고 있다. 동시에 화인은 끊임없이 경제구조를 업그레이드시킴으로써 화인 기업을 글로벌기업, 현대화기업으로 발전시키고 있다. 화인기업은 말레이시아 경제에 없어서는 안 되는 자원이다.

우선, 말레이시아 화인은 소중한 인력자원을 보유하고 있다. 19세기부터 말레이시아의 광산, 농장에는 대규모 화인이 유입되어 화공(华工)으로 일을 하였다. 1860년 나룻(Larut) 광산에만 해도 25,000명의 중국계 노동자가 일을 하고 있었다.[42] 1870~1880년대에 이르러 화인은 이미 말레이시아 광산의 가장 주요한 노동력으로 부상하였으며, 채굴·제련 등 기술을 장악하였다. 아울러 말레이시아 화인은 응집력 강한 종족단체를 기반으로 자본과 시장 네트워크를 구축하여 상호보완적 네트워크를 형성하였다.

다음, 말레이시아 화인은 거대한 자본을 보유하고 있다. 화인 자본은 식민지시대에 축적한 것으로, 제2차세계대전 이전 말레이시아 화인의 자본은 3억 달러를 초과하지 않았다. 제2차세계대전 이후 화인의 자본은 대폭 증가하였지만, 여전히 정부의 제한을 받아왔다. 특히 1970년대 말레이시아 정부가 말레이인을 우대하는 신경제정책을 추진하자 많은 화인기업은 자본과 기술을 해외로 이전하기 시작하였다. 그러나 1980년대 중반이후 정부의 제한정책이 완화되자 말레이시아 화인 자본은 대폭 확대되어 새로운 발전단계에 들어섰다. 1990년대에 이르러 화인자본은 거주국 말레이시아와 모국 중국을 연결하는 매개체 역할을 담당하였다. 따라서 화인자본은 우수한 인력자원과 거대한 자본 우세를 통해 말레이시아 경제성장 및 사회발전에 힘을 이바지 하는 선구자로 부상하였다.

---

42 李其荣(2010), p. 167.

3) 전통문화 현지화

(1) 전통문화 계승

말레이시아는 말레이인·화인·인도인을 비롯한 20여 개의 종족으로 구성된 다종족·다문화 국가로, 전체 인구가 3,094만 명에 이른다. 특히 말레이인, 화인, 인도인을 중심으로 한 3대 종족은 그들만의 언어, 문화, 종교를 유지함으로써 다종족이 공존하는 다문화사회를 형성하고 있다. 화인은 말레이인, 인도인을 비롯한 기타 종족과 교류하고 소통함으로써 말레이시아 다문화를 실천하고 있는 참여자이다. 화인은 그들만의 언어, 문화, 전통을 유지·보존함으로써 말레이시아 다문화를 구성하는 중요한 축이 되었다.

우선, 말레이시아 화인은 화문교육을 통해 그들의 언어와 문화를 계승하였다. 말레이시아는 동남아지역에서 유일하게 화문초등학교, 화문중학교, 화문대학교를 비롯한 온전한 화문교육체계를 구축한 국가이다. 말레이시아에는 1,282개의 화문초등학교가 설립되어 있고, 60개의 화문독립중학교, 3개의 화문대학교가 설립되어 있다. 이러한 화문교육체계를 통해 말레이시아 화인은 그들의 언어와 문화를 보존하고 계승하고 있다. 제2차 세계대전이후 식민지정부는 물론, 독립이후의 말레이시아 정부도 화문교육을 제한하고 압박하였지만, 화인사회는 꾸준한 투쟁과 노력으로 그들의 민족교육을 발전시켜왔다.

다음, 화인은 말레이시아에서 그들의 전통예술을 발전해왔다. 비록 말레이시아에서 말레이인의 전통 예술이 여전히 가장 주요한 위치를 차지하고 있지만, 화인들은 꾸준히 민족무용 등 전통예술을 계승하고 있다. 예를 들어 화인예술가들은 정부의 그 어떤 지원이 없음에도 불구하고, 꾸준한 연습활동과 공연으로 화인들의 전통 무용을 유지하고 있다. 1980년부터 일부 화인단체는 무용협회를 설립해 다양한 공연, 경연을 개최하는 방식으로 화인 예술의 명맥을 이어왔다. 또한 화문중학교와 초등학교에서 무용연습반을 운영해 전통예술 후계자를 양성하고 있으며, 정기적으로 교사와 학생들을 중국 광저우(广州)나 샤먼(厦门)으로 파견해 중국 전통 무용을 배우도록 하고 있다.

마지막으로, 말레이시아 화인은 중국 전통 중의(中医)를 계승·발전하고 있다. 중의는 중화문화의 중요한 구성 부분으로, 화인의 말레이시아 유입과 함께 현지로 전파되었다. 중국 전통 중의는 화인들이 질병을 치료하는 주요한 수단일 뿐만 아니라, 말레이시아 기타 종족들도 선호하는 의학으로 발전하였다. 화인의 말레이시아 이주 초기에는 전통 중의에 종사하는 사람이 극히 일부였으나, 화인 이주 규모가 확대됨에 따라 중의와 관련된 업종에 종사하는 사람이 점차 많아졌다. 통계에 따르면, 현재 말레이시아에는 456가지에 달하는 약재가 있으며 중의학의 영향력도 확대되고 있다. 말레이시아에서 중의 혹은 약재 사업에 종사하는 화인은 객가(客家)가 대부분이며, 그들은 중국 전통 중의학이 말레이시아에서 뿌리를 내리고 발전하는데 중요한 역할을 담당하였다.

(2) 현지 문화와의 교류·융합

화인 문화는 말레이시아 3대 주류 문화 중의 하나로, 중화문화를 기반으로 한 전통문화를 유지·보존한 동시에 현지 문화도 적극 수용하였다. 특히 1990년대 이후, 말레이시아 화인은 말레이인과의 종족갈등을 완화하기 위해 현지 문화와의 교류·융합을 적극 추진하였다. 가장 대표적인 것이 바로 1984년부터 해마다 개최되고 있는 '말레이시아 화인문화축제'이다.

말레이시아 독립 이후 정부는 꾸준히 말레이인을 우대하는 정책을 시행하여 화인사회 발전을 제한하였다. 화인문화축제는 바로 이러한 차별정책에 대응해, 화인의 민족문화를 유지하고 계승하기 위해 개최되었다.

사진 4.26 말레이시아 원소절(元宵节) 축제의 사자춤

초기 9차례의 화인문화축제는 모두 '중화 전통문화 계승'을 목표로 화인사회 내부에서만 축제활동을 진행하였다. 그러나 1990년대 이후, 정부의 차별정책이 완화되자 화인문화축제의 취지에도 변화가 나타났다. 그들은 '전통문화 계승, 현지문화 교류'를 대주제로 삼아 현지 다른 종족과의 문화교류를 적극 추진하였다. 1993년 10월에 개최된 제10회 화인문화축제부터 주최측은 해마다 말레이인을 비롯한 다른 종족 주민들을 축제에 초청해 함께 행사에 참여하였다.

화인문화축제에서는 화인 문화 특색을 나타내는 공연, 전시회를 개최하는 동시에 화인 관련 특강, 좌담회, 학술회의를 개최함으로써 학술적으로 화인문화를 접근하고 홍보하기도 한다. 더불어 사자춤(舞狮), 등롱축제(灯会), 용선 경주(赛龙舟) 등 다양한 전통문화 활동을 통해 현지 원주민과의 문화교류를 강화하였다. 30여 년 동안 개최된 화인문화축제는 더는 화인들만의 축제가 아니라, 화인과 말레이인을 비롯한 기타 종족이 함께 참여하고 어울리는 다문화 축제로 자리매김하였다. 화인과 말레이인의 이러

사진 4.27 말레이시아 화인의 원소절 축제

한 문화 교류와 융합은 종족갈등을 완화하는데 중요한 역할을 담당하였다.

제5장
인도네시아와 말레이시아 화인사회 비교[1]

인도네시아와 말레이시아는 언어·문화·종교적으로 다양한 공통성을 보유한 두 국가이며, 또한 화인 디아스포라의 이주시기와 이주루트(route) 등 여러 면에서도 많은 유사성을 지니고 있다. 그러나 오랜 기간의 현지 정착 과정을 거쳐, 현재 두 국가의 화인 디아스포라는 전혀 다른 적응 양상을 나타내고 있다. 한 국가에서는 타자화 되어 이방인으로 살아가면서 '보이지 않는' 화인사회를 형성하고, 다른 한 국가에서는 전통문화를 발전시키고 '민족화'를 실현해 그들만의 공동체를 형성하고 있다.

인도네시아와 말레이시아에 정착하고 있는 화인은 탈영토적 경계(border)에 걸쳐있는 이주민 집단이다. 그들의 상이한 현지사회 정착 양상은 정부의 서로 다른 이주민 사회통합정책, 즉 화인정책에서 그 실마리를 찾을 수 있다. 정부에서 추진하는 이주민 사회통합정책이 다름에 따라 그들의 현지사회 정착 실태, 원주민과의 종족관계, 주류사회로의 진출 정도가 결정된다.

이러한 문제의식에서 이 책에서는 설문조사를 통해 인도네시아와 말레이시아 화인 디아스포라의 현지사회 정착 실태를 파악하고, 나아가 이러한 화인사회를 조성한 두 국가의 화인정책을 비교·분석함으로써 거주국 이주민 사회통합정책과 디아스포라집단 현지정착의 상관관계를 파악하고자 한다.

국제이주가 확대됨에 따라 한국사회도 이주민이 폭증하여 다문화사회로의 변모가 가속화되고 있다. 특히 2017년 현재 한국에 체류하는 외국인은 201만 명에 이르러,[2] 이주민 사회통합문제가 새로운 국가과제로 부상하고 있다. 이러한 배경 속에서 인도네시아와 말레이시아의 화인정책을 탐구하는 것은 한국사회의 이주민 사회통합문제를 분석하는데도 일정한

1 제5장 인도네시아와 말레이시아 화인사회 비교는 김혜련(2014), "인도네시아와 말레이시아 화인 디아스포라의 현지사회 정착과 화인정책 비교", 『평화학연구』 제15권 5호, pp. 208-222를 인용함.

2 법무부 출입국 · 외국인정책본부. http://www.immigration.go.kr(검색일: 2017.02.11)

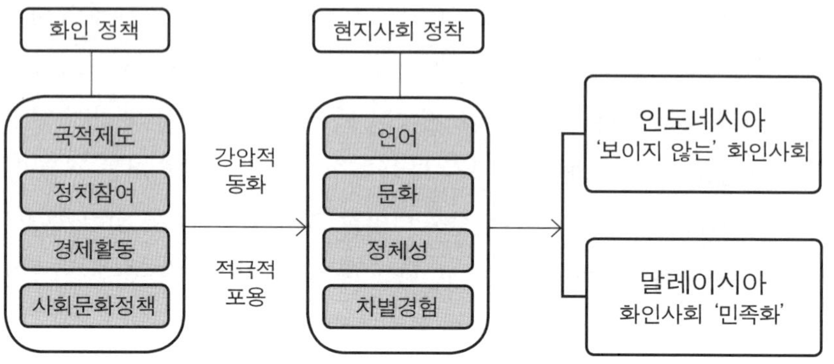

그림 5.1 인도네시아와 말레이시아 화인 디아스포라 비교 분석틀

도움이 될 것이다.

이 책에서는 화인 디아스포라의 서로 다른 현지적응 양상의 원인을 두 국가의 화인정책에서 찾고자 한다. 따라서 우선 설문조사를 통해 두 국가 화인 디아스포라의 현지정착 실태를 비교하고, 다음 이러한 적응 양상을 조성한 정책적 원인을 분석하기 위해 인도네시아와 말레이시아의 화인정책을 국적제도, 정치참여 정책, 경제활동 정책, 사회·문화 정책으로 나누어 체계적으로 분석하였다. 비교 분석틀은 〈그림 5.1〉과 같다.

1. 현지적응 비교

다음은 인도네시아와 말레이시아에 거주하고 있는 화인 디아스포라의 정착 실태를 파악하기 위해 설문조사를 기반으로 그들의 민족언어 구사능력, 전통문화 보존실태, 민족정체성, 현지사회로부터 경험한 차별 등을 분석하고자 한다.

1) 언어

언어능력과 같은 의사소통 기술은 거주국 사회로의 적응을 위한 필수 도구이여, 거주국에서의 생활에 영향을 미치는 핵심 요인이다. 현재 인도네시아와 말레이시아에 정착하고 있는 화인 디아스포라는 대부분 현지에서 태어나고 거주국 국적을 취득한 이주민 집단이기에 거주국 언어를 능통하게 구사하고 있다. 따라서 그들의 민족언어 구사능력을 파악하는 것은 화인사회 현황을 검토하는 중요한 척도이다.

인도네시아와 말레이시아 화인 디아스포라의 민족언어 구사능력을 파악하기 위해 일상생활에서 주로 사용하는 언어를 살펴보았다. 분석 결과, 인도네시아 화인 디아스포라는 49.4%(130명)가 일상생활에서 거주국 언어인 인도네시아를 사용한다고 응답하였고, 중국어를 사용하는 비율은 3.4%(9명)에 불과하다. 그러나 말레이시아의 경우, 22.4%(59명)가 말레이시아어를 주로 사용하고 있으나, 20.5%(54명)가 중국어를 사용한다고 응답하였다. 즉, 말레이시아에서 모국어인 중국어를 사용하는 화인 디아스포라 비율이 월등히 높은 것으로 나타났다. 다시 말해, 인도네시아 화인 디아스포라 대부분은 거주국에 동화되어 일상생활에서 주로 인도네시아어를 사용하고 있지만, 말레이시아 화인 디아스포라는 중국어를 상대적으로 잘

표 5.1 거주국별 일상생활에서 주로 사용하는 언어

구분	거주국		전체
	인도네시아	말레이시아	
거주국 언어	130(49.4)	59(22.4)	189(71.9)
중국어	9(3.4)	54(20.5)	63(24.0)
영어	5(1.9)	6(2.3)	11(4.2)
전체	144(54.8)	119(45.2)	263(100)
x^2=81.201, p=.000			

주) 표 중의 숫자는 빈도, ( )안의 숫자는 %

보존하여 일상생활에서도 빈도 높게 활용하고 있다는 것이다.

또한 두 국가에 거주하고 있는 화인 디아스포라의 민족언어 구사능력을 비교하기 위해 그들의 중국어 수준을 조사하였다. 설문조사 결과, 두 국가 화인 디아스포라의 중국어 구사 능력은 유의미한 차이가 나타났다. 인도네시아의 경우, 29.3%(77명)가 '매우 못함', 20.2%(53명)가 '조금 못함'이라고 응답하였고, 2.3%(6명)가 '조금 잘함', '매우 잘함'이라고 응답한 대상자는 없었다. 그러나 말레이시아 화인 디아스포라는 12.5%(33명)가 '매우 못함', 6.8%(18명)가 '조금 못함'이라 응답하였으나, 14.8%(39명)가 '조금 잘함', 6.8%(18명)가 '매우 잘함'이라고 응답하였다. 즉, 말레이시아에서 중국어를 능통하게 구사하는('조금 잘함'과 '매우 잘함' 포함) 화인 디아스포라 비율(21.6%)이 중국어를 구사하지 못하는('조금 못함'과 '매우 못함' 포함) 비율(19.3%)보다 높게 나타난 것이다. 이는 말레이시아 화인 디아스포라의 중국어 수준이 인도네시아보다 훨씬 높다는 것을 설명한다.

요컨대 인도네시아 화인 디아스포라는 일상생활에서 주로 거주국 언어를 사용하고 있으며, 대부분 화인 디아스포라는 중국어를 구사하지 못한다. 그러나 말레이시아의 경우, 약 절반가량의 화인 디아스포라가 일상

표 5.2 거주국별 화인 디아스포라의 중국어 수준 교차분석 결과

구분	거주국		전체
	인도네시아	말레이시아	
매우 못함	77(29.3)	33(12.5)	110(41.8)
조금 못함	53(20.2)	18(6.8)	71(27.0)
보통	8(3.0)	11(4.2)	19(7.2)
조금 잘함	6(2.3)	39(14.8)	45(17.1)
매우 잘함	0(0)	18(6.8)	18(6.8)
전체	144(54.8)	119(45.2)	263(100)
x^2=75.836, p=.000			

주) 표 중의 숫자는 빈도, ( )안의 숫자는 %

생활에서 여전히 모국어를 주요한 언어로 활용하고 있으며, 모국어를 능숙하게 구사하는 비율도 높게 나타났다. 이는 두 국가의 사회·문화정책과 밀접한 연관이 있다.

2) 전통문화

인도네시아와 말레이시아 화인 디아스포라가 거주국에서 어느 정도로 민족문화를 계승하고 있는가를 판단하기 위해 그들이 선호하는 문화, 전통명절 유지 상황을 조사하였다.

설문조사 결과, 두 국가의 전통문화 유지 실태에는 유의미한 차이가 나타났다. 인도네시아의 경우, 22.5%(59명)가 '현지문화'를 선호한다고 응답하였고, 20.6%(54명)가 '현지, 민족문화 모두', 6.5%(17명)가 '민족문화'를 선호한다고 응답하였다. 말레이시아의 경우, 5.3%(14명)가 '현지문화'를 선호한다고 응답하였고, 23.7%(62)가 '현지, 민족문화 모두', 14.5%(38명)가 '민족문화'를 선호한다고 응답하였다. 즉 인도네시아 화인 디아스포라는 '민족문화'보다 '현지문화'를 선호하는 양상을 나타내고 있으며, 이와 반대로 말레이시아 화인 디아스포라는 '민족문화'를 더 선호하고 있다는 것을 설명한다.

더불어 인도네시아와 말레이시아 화인 디아스포라가 춘절(春節), 중추절(中秋), 단오(端午) 등 중국 전통명절을 지키고 있는 정도를 비교하기 위해 교차분석을 진행하였다. 분석결과, 인도네시아의 화인 디아스포라는 2.3%(6명)가 '전혀 그렇지 않다', 9.8%(25명)가 '그렇지 않다'고 응답하였으며, 18.0%(46명)가 '그렇다', 3.1%(8명)가 '매우 그렇다'고 응답하였다. 다른 한편, 말레이시아는 0.4%(1명)가 '전혀 그렇지 않다', 1.2%(3명)가 '그렇지 않다'고 응답하였고, 18.4%(47명)가 '그렇다', 5.1%(13명)가 '매우 그렇다'고 응답하였다. 즉 인도네시아에 비해 말레이시아 화인 디아스포라가 중국 전통명절을 더 잘 지키고 있다는 것이다.

표 5.3 거주국별 화인 디아스포라가 선호하는 문화

구분	거주국		전체
	인도네시아	말레이시아	
현지문화	59(22.5)	14(5.3)	73(27.9)
민족(화인)문화	17(6.5)	38(14.5)	55(21.0)
현지, 민족문화 모두	54(20.6)	62(23.7)	116(44.3)
기타	14(5.3)	4(1.5)	18(6.9)
전체	144(55.0)	118(45)	262(100)
x^2=39.676, p=.000			

주) 표 중의 숫자는 빈도, ( )안의 숫자는 %

표 5.4 거주국별 중국 전통명절 유지 정도 교차분석 결과

구분	거주국		진체
	인도네시아	말레이시아	
전혀 그렇지 않다	6(2.3)	1(0.4)	7(2.7)
그렇지 않다	25(9.8)	3(1.2)	28(10.9)
보통	57(22.3)	50(19.5)	107(41.8)
그렇다	46(18.0)	47(18.4)	93(36.3)
매우 그렇다	8(3.1)	13(5.1)	21(100)
전체	142(55.5)	114(44.5)	256(100)
x^2=19.689, p=.001			

주) 표 중의 숫자는 빈도, ( )안의 숫자는 %

3) 민족정체성

두 국가 화인 디아스포라의 현지사회 정착 실태를 분석하기 위해 그들의 민족정체성을 살펴보았다. 독립표본 T-test를 통해 두 국가 거주 화인

디아스포라의 정체성을 비교한 결과 유의미한 차이가 나타났다.

우선 '중국인의 후손으로서 자랑스럽게 생각하는가'라는 질문에서 말레이시아 화인 디아스포라의 평균치(3.96)가 인도네시아 화인 디아스포라 평균치(3.74)보다 높게 나타났다. 다시 말해, 인도네시아보다 말레이시아 화인 디아스포라가 중국인 후손으로서의 자긍심이 더 높게 나타난 것이다.

또한 '화인사회단체에 강한 소속감을 가지고 있는가'라는 질문에서도 말레이시아 화인 디아스포라의 평균치(3.67)는 인도네시아(3.33)보다 높게 나타났다. '화인들이 중국 문화를 계승해야 하는가'라는 질문도 마찬가지이다. 말레이시아 화인 디아스포라의 평균치는 3.87, 인도네시아 평균치 3.54보다 높게 나타났다. '화인 친구들과 잘 어울리는가'라는 질문에서도 말레이시아 화인 디아스포라의 평균치(3.37)가 인도네시아(2.97)보다 높게 나타났다. 이러한 통계 결과는 말레이시아에 정착하고 있는 화인 디아스포라가 인도네시아보다 더 강한 민족정체성을 유지하고 있다는 것을 설명한다.

표 5.5 거주국별 민족정체성 독립표본 T-test

구분	변수	빈도	평균	표준편차	t(p)
나는 중국인의 후손이라는 것이 자랑스럽다	인도네시아	142	3.74	.501	-3.060(.002)
	말레이시아	114	3.96	.677	
나는 화인사회단체(협회, 동향회 등)에 강한 소속감을 가진다	인도네시아	141	3.33	.627	-3.366(.002)
	말레이시아	114	3.67	.795	
나는 화인들이 중국 문화를 계승해야 한다고 생각한다	인도네시아	142	3.54	.848	-3.314(.001)
	말레이시아	114	3.87	.735	
나는 화인 친구들을 만나고 어울리는 것이 좋다	인도네시아	142	2.97	.861	-3.841(.000)
	말레이시아	114	3.37	.934	

주) 유의수준 $p<0.05$에서 유의함.

4) 차별경험

화인 디아스포라는 현지 거주국에서 이방인으로 취급되며, 주류사회로부터 타자화를 경험하게 된다. 따라서 인도네시아와 말레이시아에 정착하고 있는 화인 디아스포라의 차별경험을 비교함으로써 그들의 현지사회 정착 실태를 검토할 수 있다.

표 5.6 화인 디아스포라의 차별경험 빈도분석

구분	예	아니요	합계
빈도(명)	204	57	261
비율(%)	78.2	21.8	100

〈표 5.6〉에서 나타나듯이 78.2%의 화인 디아스포라가 거주국에서 차별을 경험한 것으로 나타났다. 또한 인도네시아와 말레이시아 화인 디아스포라의 차별경험을 비교한 결과 유의미한 차이가 나타났다. 구체적으로 '화인을 비하하는 단어를 들은 적이 있다'라는 질문에서 인도네시아 화인 디아스포라의 평균치(3.85)가 말레이시아(3.39)보다 높게 나타났다. 그리고 '화인이라는 이유로 무시당한 적이 있다'라는 질문에서도 인도네시아

표 5.7 거주국별 차별경험 분야 독립표본 T-test

구분	변수	빈도	평균	표준편차	t(p)
화인을 비하하는 단어를 들은 적 있다	인도네시아	143	3.85	.864	3.721(.000)
	말레이시아	118	3.39	1.102	
화인이라는 이유로 무시당하거나 심한 표현을 들은 적 있다	인도네시아	143	3.84	.828	4.394(.000)
	말레이시아	118	3.31	1.060	
화인의 외모나 언어에 대해 현지인들이 거부감을 갖거나 싫어하는 느낌을 받은 적 있다	인도네시아	143	3.01	1.065	3.126(.002)
	말레이시아	118	2.59	1.064	

주) 유의수준 $p<0.05$에서 유의함.

화인 디아스포라의 평균치(3.84)가 말레이시아(3.31)보다 높게 나타났으며, '화인의 외모나 언어에 대해 현지인이 거부감을 느낀다'라는 질문에서도 인도네시아 평균치(3.01)가 말레이시아(2.59)보다 높게 나타났다. 다시 말해, 인도네시아 정착 화인 디아스포라는 말레이시아보다 더 많은 차별을 받고 있다는 것이다.

설문조사를 통해 인도네시아와 말레이시아 거주 화인 디아스포라의 현지사회 정착 실태를 비교한 결과는 아래와 같다. 인도네시아 화인 디아스포라는 일상생활에서 주로 인도네시아어를 사용하고 있으며, 대부분의 화인은 중국어를 구사하지 못한다. 또한 그들은 민족문화보다 현지문화를 더 선호하고 있으며, 말레이시아 화인 디아스포라보다 민족정체성이 약화된 상황이다. 더불어 그들은 이주민 집단으로 현지사회로부터 타자화를 경험하고 있으며, 말레이시아보다 더 심각한 차별을 겪고 있다.

이와 반대로 말레이시아 화인 디아스포라는 일상생활에서 민족언어를 비율 높게 활용하고 있으며, 중국어를 능통하게 구사하고 있다. 그들은 춘절, 추석, 단오를 비롯한 전통명절을 잘 지키고 있으며, 현지문화보다 민족문화를 더 선호한다. 더불어 말레이시아 화인 디아스포라는 인도네시아보다 확고한 민족정체성과 민족자긍심을 가지고 있으며, 화인사회단체에 강한 소속감을 느끼고 있다. 비록 그들은 이주민으로서 여전히 차별시선을 경험하고 있지만, 인도네시아보다는 포용적인 사회분위기 속에서 그들만의 공동체를 유지하고 있다.

2. 화인정책 비교: 강압적 동화와 적극적 포용

화인 디아스포라의 현지사회 정착 실태에 영향을 미치는 결정적 요인은 거주국의 이주민 사회통합정책, 즉 화인정책이다. 다음은 인도네시아와 말레이시아의 국적제도, 정치, 경제, 사회·문화 정책을 비교함으로써 상이한 화인사회를 조성한 정책요인을 파악하고자 한다.

1) 국적제도: 분리와 포용

1955년 이전 인도네시아와 말레이시아에 거주하는 중국계 이주민은 여전히 중국 국적을 소지한 화교이었다. 그러나 1955년 이후 중국 정부는 기존의 모국지향(落叶归根) 정책을 포기하고 뿌리내리기(落地生根) 정책 즉 현지화 정책을 추진하여 화인의 현지 국적 취득을 적극 장려하였으며, 거주국에 충성할 것을 요구하였다. 따라서 중국 국적을 소지한 화교들은 거주국 국적을 취득함으로써 화교에서 화인으로의 신분전환을 실현하기 시작하였다. 화교들의 귀화에 대해 인도네시아와 말레이시아의 정책적 대응은 다르게 나타났다.

1955년 중국과 인도네시아는 화교의 국적문제와 관련하여 반둥(万隆) 회의에서 "중화인민공화국과 인도네시아공화국 이중국적문제에 관한 조약(中华人民共和国和印度尼西亚共和国关于双重国籍问题的条约)"을 체결하였다. 이 조약에 따라 인도네시아에 거주하고 있는 화교는 모국과 거주국 두 국적 가운데서 하나만 선택해야 했다.[3] 중국 정부는 화교들의 거주국 국적 취득을 적극 장려하였으나, 인도네시아 정부는 까다로운 국적법을 제정하여 화교들의 귀화를 제한하였다. 인도네시아 정부는 기존의 속지주의 국적부여 제도를 속인주의로 변경하고, 귀화하려는 중국계 이주민은 반드시 자카르타 최고 검찰의 허가를 받아야 한다고 규정하였다.[4] 인도네시아로의 귀화는 요건이 까다롭고, 절차가 번거로우며, 소요되는 비용도 엄청났다. 이러

3 최승현(2003), "현대 중국 교민정책에 대한 소고: 외적화인에 대한 정책을 중심으로", 『중국학논총』 제16호, p. 200.

4 原晶晶 · 杨晓强(2011), "印度尼西亚华人及其资本发展现状", 『东南亚纵横』 2011年6月刊, p. 79.

한 제한정책으로 인해 1965년까지 인도네시아에는 여전히 113만 명이라는 화교들이 중국 국적을 소지하고 있었으며, 이는 전체 인도네시아 중국계 이주민의 1/3을 차지한다. 1980년대에 이르러서야 대부분의 인도네시아 화교들이 국적을 취득해 화인으로의 신분전환을 완성하였다.[5] 그러나 인도네시아 정부는 화인들의 신분증에 특수한 부호를 표기함으로써 그들을 원주민과 차별화하였다. 화인이라는 '낙인'으로 인해 그들은 대학교 입학은 물론 공무원 지원, 취직 등에서도 여러 가지 차별을 받아왔다.[6]

반면, 말레이시아 정부는 건국초기부터 보다 수월한 국적취득 정책을 제정해 화인들의 안정적 법적지위를 보장하였다. 화교들의 귀화절차는 간편하고 용이하였으며, 국적 취득 후 바로 국민으로서의 권리를 인정받았다. 따라서 대부분 화교는 1957년 이후 큰 어려움 없이 거주국 국적을 취득해 말레이시아 국민으로 거듭났으며, 기타 원주민과 법적 지위에서는 동등한 권리를 부여받았다.[7] 다시 말해, 말레이시아는 상대적으로 포용적인 국적제도를 제정하여 화인을 사회구성원으로 받아들였다.

요컨대, 인도네시아와 말레이시아의 상이한 국적제도로 인해 화인들의 법적지위는 다르게 나타났으며, 거주국에서의 사회적 지위도 결정되었다. 인도네시아는 까다로운 귀화정책으로 인해 불안정한 법적지위에 노출되어 있었으며, 심지어 국적을 취득한 이후에도 화인이라는 '낙인'으로 인해 국민으로서의 동등한 권리를 누리지 못하였다. 불안정한 법적지위는 인도네시아 화인 디아스포라로 하여금 이방인으로 살아가도록 하였으며, 원주민들이 그들을 이등시민으로 취급하는 정서를 조성하였다. 그러나 말레이시아 화인 디아스포라는 적극적 포용이라는 국적제도에 힘입어 법적지위만큼은 원주민과 동등한 국민대우를 받았다. 따라서 그들은 말

5 暨南大学东南亚研究所(1989), 『战后东南亚国家的华侨华人政策』(广东: 暨南大学出版社), p. 10.

6 云昌耀(2012), 『当代印尼华人的认同』(台北: 群学出版有限公司), pp. 54-55.

7 廖小健(2004), "马来西亚, 印度尼西亚民族关系比较", 『世界民族』 2004年 第1期, p. 33.

레이시아에서 이방인이 아닌, 진정한 사회구성원으로 자리매김할 수 있었다. 인도네시아 화인 디아스포라가 말레이시아보다 더욱 심각한 차별을 경험하고 있는 것도 이러한 제한적인 국적제도에서 기인한다.

2) 정치참여: 배제와 독려

정치참여는 기본 인권으로서 정치적 자유와 정당 결성이 포함된다. 화인 디아스포라의 정치참여에 있어서도 인도네시아와 말레이시아는 상이한 정책을 추진해왔다.

인도네시아는 화인 디아스포라의 참정권을 제한함으로써 그들을 정치활동으로부터 배제시켰다. 이로 인해 인도네시아에서 화인의 정치적 영향력은 아주 미약하며, 그들의 정치활동 참여의식도 높지 않다. 정치참여에 대한 화인들의 소극적 대응은 정부의 강압정책에서 기인한다. 1965년 이전, 화인 디아스포라는 적극적으로 정치활동에 참여했었다. 수카르노(Sukarno) 정권시기 천바오웬(陈宝源), 샤오위찬(萧玉灿) 등 여러 화인이 내각 부장을 담당하였으며, 많은 화인들이 국회의원을 담당하고 있었다. 더불어 1954년 샤오위찬이 설립한 인도네시아국적협상회(印度尼西亚国籍协商会)는 가장 대표적인 화인정당으로, 회원 수가 50만 명에 이르렀다.[8] 그러나 1965년 이후 모든 화인정당은 강제 해산되었다. 특히 수하르토(Suharto) 집권 이후 인도네시아 정부는 화인 경제파워에 위기감을 느끼고, 그들의 참정권을 위협요인으로 간주하여 화인을 정치활동으로부터 철저히 분리시켰다.[9] 1998년 이후 화인 제한정책이 완화되면서 그들의 정치참여도 점차 회복되고 있으나, 여전히 그 영향력은 미미하다.

인도네시아와 달리, 말레이시아는 효과적인 정당정책으로 화인 디아

8 福建华侨历史学会(1991), 『华侨历史论丛』 第七辑, p. 26.

9 云昌耀(2012), p. 59.

스포라의 정치활동을 허용하였다. 화인 디아스포라는 그들의 이익을 대변하는 정당을 설립해 정치활동에 참여할 수 있으며, 그들의 투표권과 피선거권은 법적보호를 받는다. 화인 정당은 정부와 화인사회의 갈등을 완화하고 모순을 조정하는 역할을 수행하고 있을 뿐만 아니라, 말레이시아 원주민과 화인이 이해를 증진하고, 소통할 수 있는 장을 마련하였다. 말레이시아 정부는 화인 정당과 화인 정치인을 통해 화인사회 현황 및 수요를 파악하며, 이를 기반으로 실효성 있는 정책을 제정한다. 화인 디아스포라의 수요와 의견을 충분히 반영한 효과적인 정책 제정은 말레이시아 종족갈등을 완화하고 사회 안정을 도모하는데 중요한 영향을 미쳤다. 따라서 종족 분쟁과 갈등이 격화되기 전에 정부는 화인정당을 통해 효과적으로 문제를 해결할 수 있었다. 말레이시아에서 가장 대표적인 화인 정당은 말레이시아 화인공회(Malaysian Chinese Association, 马华公会), 민정당, 민주행동당 등이 있다.[10] 이러한 화인 정당과 정치인은 그들의 이익을 대변하고 정치의견을 반영하였으며, 또한 원주민과 화인의 조화로운 종족관계를 위해 힘을 이바지하였다.

요컨대, 인도네시아는 오랜 기간 동안 화인들의 참정권을 인정하지 않을뿐더러, 그들을 정치활동으로부터 완전히 배제시켰다. 따라서 그들의 정치욕구는 억제되었으며, 정부와 화인사회, 원주민과 화인의 갈등을 조정하는 화인 정당이 존재하지 않아 여러 차례의 대규모 충돌을 야기하였다. 반대로, 말레이시아 정부는 개방적인 정당정책으로 화인의 정치참여를 독려하였다. 화인들은 자유롭게 참정권을 행사할 수 있으며, 또한 화인 정당을 통해 정부와 원주민에 대한 불만을 표출하고, 정치수요를 반영할 수 있다. 다인종·다종족국가에서 이주민 참정권 문제는 종족관계, 정체성 나아가 민족공동체 형성에도 중요한 영향을 미친다. 정치참여가 활발한

---

10 廖小健(2004), pp. 34-35.

말레이시아에 비해, 인도네시아 화인 디아스포라는 제한적인 정치참여로 인해 그들만의 공동체를 형성할 수 있는 중심축을 잃게 되어 정체성이 약화되고 위축된 화인사회를 형성하고 있다.

3) 경제정책: 제한과 수용

인도네시아와 말레이시아 화인 디아스포라는 식민지시대 현지사회와 식민지 지배자사이에서 중개자 역할을 수행함으로써 자본을 축적하였다. 화인 디아스포라의 경제적 부는 원주민의 상대적 박탈감과 적대감을 야기해 늘 경계의 대상이 되었다. 이러한 배경 속에서 인도네시아와 말레이시아 정부는 서로 다른 방식으로 원주민과 화인의 경제적 차이를 축소시켰다.

화인 디아스포라를 대상으로 한 인도네시아의 경제정책은 차별적이고 제한적이었다. 인도네시아 정부는 다양한 규제를 통해 그들의 경제활동을 한정시켰으며, 이를 통해 화인과 원주민의 경제적 균형을 실현하고자 하였다. 예를 들어, 일련의 법령을 제정해 화인들이 가장 많이 종사하는 수출입 무역을 제한하고, 현지 원주민에게 회사경영권을 양도할 것을 강요하였으며, 심지어 화인기업과 재산을 강제로 압수하였다. 1959년에는 "제10호 법령"을 제정하여 화인들이 농촌지역에서 소매업에 종사하는 것을 금지시켰다. 이로 인해 화인가게 8만여 개가 강제 폐쇄되었고, 수십 만 명의 화인이 일자리를 잃어 경제적 어려움에 빠지게 되었다.[11]

말레이시아 정부도 원주민을 대상으로 다양한 경제지원 정책을 추진하였으나, 화인의 경제활동을 강압적으로 타격하거나 제한하지는 않았다. 화인이 식민지시기의 중개인 역할로 점차 국가경제를 장악하자 화인과 원주민의 경제적 불균형문제를 해결하기 위해 말레이시아 정부는

---

11 郑达(2009), "马来西亚与印度尼西亚华人政策比较", 『华侨大学学报』 2009年第1期, p. 83.

1971년부터 1990년까지 20년에 걸쳐 장기적으로 부미푸트라(Bumiputra) 우대정책인 신경제정책을 실행하게 된다. 신경제정책은 정부가 개입해 종족 간의 빈부차를 없애고 경제 차이를 줄여 말레이시아 종족갈등을 최소화하는 것이 목적이다. 따라서 모든 범주의 상업과 산업 활동에 부미푸트라를 참여시킴으로써 종족 간의 빈부 격차를 줄여 사회통합을 실현하고자 하였다.[12] 비록 말레이시아 정부는 신경제정책을 실행하여 부미푸트라의 경제적 지위를 향상시켰지만, 강압적인 정책을 추진해 화인에 치명적인 타격을 주지는 않았다. 예를 들어, 1970년대에 시행한 신경제정책에서는 기업 내에서 원주민과 화인의 주식비례 및 고용노동자 비례를 규정하여 일부 화인대기업을 제한하였으나, 90% 이상의 화인 중소기업에는 큰 영향이 없었다.[13] 더불어 말레이시아는 인도네시아와 같이 화인의 직업이나 업종을 제한하거나, 그들이 운영하는 가게 혹은 재산을 압수하는 사건은 일어나지 않았다. 따라서 말레이시아의 이러한 온정주의 정책으로 인해 화인들은 상대적으로 안정적인 경제활동을 이어올 수 있었다.

인도네시아의 제한적 경제정책과 말레이시아의 수용적 경제정책은 화인 디아스포라의 사회적 지위에 중요한 영향을 미쳤다. 특히 인도네시아의 차별적 경제정책은 현지 원주민의 화인 혐오정서를 유발하였다. 인도네시아 원주민은 화인이 가지고 있는 모든 것이 불법이고 불합리하다고 인식하는 경향이 강하다. 이러한 부정적 인식은 화인 차별 및 인도네시아 "배화사건(排华事件)"의 가장 직접적인 원인이기도 하다. 화인의 충성심은 항상 의심 받아왔고, 늘 폭동의 표적과 피해자가 되었으며, 주류사회에 진출하기 어려운 이방인으로 전락하였다.

---

12 송준수(2010), "말레이시아 화인 디아스포라의 현지적응 실태조사 연구: 쿠알라룸프르 화인 디아스포라를 중심으로", 전남대학교 석사학위논문, pp. 31-39.

13 何西湖(2004), "马来西亚华人政策的演变和发展", 『广西民族学院学报』 2004年第2期, p. 22.

4) 사회 · 문화정책: 동화와 관용

인도네시아에는 1,000만 명이라는 화인 디아스포라가 거주하고 있지만, 그들의 흔적은 뚜렷하지 않다. 심지어 빤조란(Pancoran)과 망가두아(Mangga Dua) 등 차이나타운에도 그들의 전통문화 특성을 나타내는 상징기제가 많지 않다. 이는 인도네시아 정부의 차별적 사회·문화정책에서 기인한다.

인도네시아는 엄격한 사회·문화·교육 정책으로 화인을 인도네시아 주류사회로 동화시켰다. 독립이후 특히 수하르토의 신질서 시기, 정부는 국민정체성을 강조하면서 강압적인 동화정책을 실행하여 화인을 주류사회로 편입시켰다. 예를 들어, 화인의 중국식 이름을 인도네시아 현지 이름으로 개명하도록 강요하고, 공공장소에서의 중국어사용과 전통문화활동 및 축제를 허용하지 않았으며, 화인학교·화인신문·화인단체를 전부 철폐함으로써 그들의 민족문화특성을 완전히 말살시키고자 하였다.[14]

이러한 동화정책에 의해 인도네시아 화인 디아스포라는 민족언어를 구사하지 못하고, 전통명절에 무관심하며, 나아가 민족정체성도 말레이시아에 비해 약화된 상황이다. 정부의 강압적 동화정책은 화인에 대한 원주민의 차별과 편견으로 이어졌다. 화인은 현지에서 "지나(支那)"로 따돌림 받는 소수민족으로 전락하였으며, 사회 소외계층으로 주변화 되었다. 1998년 이후 인도네시아 정부의 제한정책이 완화되어 화인사회가 다시 '부활'하는 경향이 나타나고 있으나, 수십 년 간의 의도적 차별과 배제로 인해 오늘의 화인사회는 여전히 위기에서 벗어나지 못하고 있다.

말레이시아는 상대적으로 관용적인 입장을 보였다. 말레이시아는 동남아시아 지역에서 싱가포르 다음으로 화인 전통문화를 잘 보존해온 국

---

14 김혜련, 리단(2014), pp. 53-58.

가이다. 비록 말레이시아 정부도 화인교육을 약화시키고 있지만, 인도네시아의 강압적 동화정책과 달리 점진적이고 단계적으로 추진하고 있다. 따라서 말레이시아는 원주민의 언어와 문화를 일반화시키는 동시에 화인들의 중국어 교육과 민족문화를 인정하고 법적으로 보호하고 있다. 말레이시아 독립이후 화인들의 민족교육은 법적으로 인정되었으며, 최근 20년에는 더 큰 발전을 이루어 초등학교부터 중학교, 고등학교, 대학교까지 체계적으로 성장해 완전한 교육체계를 구성하게 되었다. 예를 들어, 2002년에 설립된 UTAR(Universiti Tunku Abdul Rahman)대학교는 말레이시아 최대 화인정당인 화인공회와 화인단체, 화상 등이 투자 설립한 최초의 화인대학교로서 학생이 16,000여 명에 이른다.[15] 더불어 화인신문사, 화인단체, 화인들의 전통명절이나 축제 등에 대해서도 말레이시아 정부는 간섭하거나 개입하지 않고 있으며, 화인들이 적극적으로 그들의 문화를 발전시키고 계승할 수 있도록 허용하고 있다. 따라서 차이나타운은 물론 말레이시아 어디에서나 화인 전통문화를 접할 수 있으며, 화인들은 능숙하게 중국어를 구사할 수 있다.

15 耿虎 · 曾少聪(2007), "教育政策与民族问题: 以马来西亚华文教育为例", 『当代亚太』 2007年第6期, p. 62.

제6장 맺음말[1]

모국을 떠나 거주국에서 새로운 삶의 터전을 개척한 화인 디아스포라는 주류사회로부터 배제와 차별을 경험하는 현지사회 정착 과정을 거치게 된다. 이 책은 설문조사와 심층면접을 통해 인도네시아와 말레이시아에 거주하고 있는 화인 디아스포라의 정착 실태를 검토하고, 나아가 그들이 현지화 하는 과정에서 형성한 정착기제를 분석하였으며, 두 국가 화인사회의 서로 다른 특징을 파악하였다.

분석 결과, 인도네시아 화인 디아스포라는 민족언어를 구사하지 못하고, 민족문화와 정체성이 약화되었으며, 주류사회로부터 타자화 되어 '보이지 않는' 화인사회를 형성하고 있다. 인도네시아 화인 디아스포라는 화인학교, 화인단체, 화인신문을 통해 그들만의 공동체를 구축하고 있으나, 정부의 강압적 제한정책으로 인해 위축된 화인사회를 형성하고 있다.

이와 달리 말레이시아는 민족언어와 전통문화를 상대적으로 잘 계승하고 있으며, 민족정체성을 고양시켜 그들만의 민족공동체를 형성하고 있는 것으로 나타났다. 말레이시아 화인 디아스포라도 화인학교, 화인단체, 화인신문이라는 정착기제를 중심으로 현지에 적응하고 있다. 그러나 말레이시아는 동남아지역에서 화문교육이 가장 발달한 지역이며, 초등학교부터 중학교, 대학교까지 체계적인 교육시스템을 이루고 있다. 또한 말레이시아는 전 세계에서 화인단체가 가장 많은 국가이다. 그들은 종친회(宗祠), 회관(会馆), 학우회(校友会), 대회당(大会堂) 등 화인단체를 중심으로 민족공동체를 구축하고 있다. 아울러 말레이시아는 전 세계에서 화인신문이 가장 발달한 지역이다. 세계 첫 해외 화인신문 "찰세속매월통기전(Chinese Monthly Magazine)"이 말레이시아 말라카에서 발행되었으며, 동남아 지역에서 발행량이 가장 많은 "싱저우일보(星洲日报)"가 있다. 말레이시아 화인은 적극적인 정치참여와 활발한 경제활동을 기반으로 말레이시아 주류사회에

---

1 제6장 맺음말은 김혜련(2014), "인도네시아와 말레이시아 화인 디아스포라의 현지사회 정착과 화인정책 비교", 『평화학연구』 제15권 5호, pp. 219-220의 일부 내용을 인용함.

진출하고 있다.

언어·문화·종교적으로 많은 유사성을 지닌 두 국가에서 서로 다른 화인사회를 양산한 것은 화인 디아스포라에 대한 정부의 접근방식이 다르기 때문이다. 인도네시아의 경우, 강압적 동화정책을 추진해 화인을 주류사회로 편입시켰지만, 화인은 완전한 동화는커녕 주류사회로부터 소외되는 이방인으로 살아가고 있으며, 원주민과의 갈등과 충돌이 끊이지 않아 위축된 화인사회를 형성하였다. 이와 반해, 말레이시아는 수용적인 태도로 화인을 접근하여 그들은 사회구성원으로 받아들였다. 이러한 수용적인 정책 기조는 화인사회의 발전을 도모하였을 뿐만 아니라, 원주민과의 조화로운 종족관계를 조성해 그들이 진정한 사회구성원으로 성장하는 데에도 도움이 되었다.

국제이주가 확대되고 다문화시대가 도래됨에 따라 한국사회에도 다양한 이질문화가 유입되고 있다. 이주민이 급증하고 그들의 사회적응문제가 새로운 국가과제로 부상되자, 한국사회도 이주민 사회통합문제에 주목하기 시작하였다. 한국사회는 비록 다문화사회를 강조하고 있지만, 실제적으로 여전히 동화와 차별적 시선으로 이주민을 접근하고 있다. 인도네시아와 말레이시아의 사회통합 경험은 한국사회에 어느 정도 시사점을 제시할 것이라 상정된다. 이주민을 접근함에 있어서 동화와 차별이 아닌, 상생과 공존의 시각이야말로 사회갈등을 최소화하고 진정한 이주민 통합을 실현할 수 있는 방향이 될 것이다.

이 책은 설문조사와 심층면접을 통해 인도네시아와 말레이시아 화인 디아스포라의 현지적응 실태를 반영하고자 하였지만, 반둥, 자카르타, 쿠알라룸푸르 거주 화인을 중심으로 연구를 진행한 만큼 일정 정도 한계를 가지는 것이 사실이다. 엄밀한 의미에서 화인 디아스포라의 현지적응 현황을 파악하기 위해 인도네시아와 말레이시아 전역의 화인을 선정하여 면접을 진행해야 할 것이며, 더불어 원주민도 면접 대상자에 포함시켜 검토되어야 할 것이다.

| 참고문헌 |

고광신 · 김형태. “국내거주 고려인의 심리 · 사회적응에 영향을 미치는 요인”. 『교회사업사업』 제15호, 2011

김창도. “세계시장 파고드는 중화자본과 우리의 대응”. 『친디아저널』 제74호, 2012.

김혜련 · 리단. “갈등과 융합: 인도네시아 화인 디아스포라의 현지적응 연구”. 『동북아문화연구』 제39집, 2014.

김혜련. “인도네시아와 말레이시아 화인 디아스포라의 현지사회 정착과 화인정책 비교”. 『평화학연구』 제15권 5호, 2014.

______. “말레이시아 화인 디아스포라의 모국관계 연구”. 『민족연구』 제61호, 2015.

______. “말레이시아 화인과 말레이인의 종족관계 조사연구”. 『중국학』 제58집, 2017.

______. “말레이시아 화인 디아스포라의 민족교육 실태 연구”. 『인문사회 21』 제8권 3호, 2017.

김종업 · 최종석. “말레이시아 종족간의 갈등 원인과 현황 연구: 신경제정책과의 연관성을 중심으로”. 『社會科學論叢』 제42집 1호, 2011.

리단 · 김혜련. “중화경제권의 부상과 의미”. 『디아스포라연구』 6권 2호, 2012.

박경태. “‘화교’에서 ‘화인’으로: 식민시기와 냉전시기 인도네시아의 화인 정책”. 『다문화사회연구』 제2권 제2호, 2009.

박진경. “한국 다문화정책의 특성과 발전방향”. 한국정책학회 하계대회 및 국제학술회의, 2010.

백승대 · 안태준. “국민정체성이 청소년의 다문화수영성에 미치는 영향”. 『대한정치학회보』 제21권 제2호, 2013.

스털링 시그레이브 · 원경주 역. 『중국 그리고 화교』. 프리미엄북스, 2002.

스티븐 카슬 · 마크J. 밀러, 『이주의 시대』. 서울: 일조각(주), 2013.

신재혁. “다종족 국가의 갈등요인과 통합정책: 빈곤과 정치적 배제가 종족갈등에 미치는 영향”. 『국제정치논총』 55권 1호, 2015.

신윤환. “인도네시아의 화인”. 『동남아의 화인사회』. 형설, 2000.

안승국. “인도네시아 있어서 정부정책과 종족갈등관리”. 『비교민주주의연구』 제9집 제2호,

2013.
윤인진 · 이유선. "인도네시아의 민족관계: 화교를 중심으로". 『아시아연구』 제45권 제2호, 2002.
이덕훈. "인도네시아 화교경제의 발전에 대한 고찰". 『화교경제의 생성과 발전』. 한남대학교, 2005.
______. 『화교경제의 생성과 발전』. 글누리, 2011.
이병한. "'두 개의 중국'과 화교정책의 분기: 반동회의를 중심으로". 『중국근대사연구』 제45호, 2010.
이준태. "화교사회의 형성과 중국의 화교정책에 대한 고찰". 『아태연구』 제11권 제1호, 2004.
이재유 · 허홍호. 『화교기업과 중국경제』. 한국학술정보, 2008.
이용재. "한국의 대화교정책과 배제의 역학". 『중국어문학논집』 제72호, 2012.
임은진. "국제적 인구 이동에 따른 말레이시아의 다문화사회 형성과 지역성". 『한국도시지리학회지』 제19권 2호, 2016.
임채완. "지구화시대 디아스포라의 초국가적 활동과 모국: 동남아 화인과 중국조선족에 대한 비교연구". 『국제정치논총』 48권 1호, 2008.
임채완 · 박동훈. "한국 화교의 역할과 발전방향". 『한국동북아논총』 제41호, 2006.
임채완 · 전형권. 『재외한인과 글로벌 네트워크』. 서울: 한울아카데미, 2006.
장공자. "중국의 화교정책과 화상망에 대한 연구". 『통일전략』 제7권 제3호, 2007.
전형권. "초국가주의 관점에서 본 화교 디아스포라와 네트워크". 『대한정치학회보』 제13집 제2호, 2005.
______. "우즈베키스탄의 민족정책과 고려인 디아스포라 정체성-고려인 설문조사 분석을 중심으로". 『슬라브학보』 제21권 제2호, 2006.
전형권 · 김혜련. "다문화시대 한국화교의 사회통합과 '인정의 정치'". 『21세기정치학회보』 제21권 제1호, 2012.
정신철 · 주경홍. "중국의 화교, 화인정책 및 특징". 『재외한인연구』 제13권 제2호, 2003.
정재각. 『이주정책론』. 인간사랑, 2010.
정영훈. "민족정체성, 그리고 한민족의 민족정체성". 『민족학연구』 9권 1호, 2010.
진형화. "동남아화교사의 추세", 『동양학 6』 76 · 5, 단국대학교부설동양학연구소.
최승현. 『화교의 역사 생존의 역』. 화약고, 2007.
______. "현대 중국 교민정책에 대한 소고: 외적화인에 대한 정책을 중심으로". 『중국학논총』 제16호, 2003.

최현실. "다문화가정 증가에 따른 한국 사회통합 정책 연구: 중국과 싱가포르의 상호성 원리의 한국 사회에 적용가능성", 『한국민족문학』 35호, 2009.
홍봉선 외. 『결혼이주여성 지역사회적응 척도개발을 위한 설문조사』. 부산: 부산복지개발원, 2012.
홍재현. "말레이시아 화교의 특성". 『중국인문과학』 제38호, 2008a.
_____. "말레이시아 종족폭동과 화교와의 관계에 대한 고찰".『中國人文科學』 40, 2008b.
_____. "인도네시아 화교사회 형성과 반화교폭동에 대한 연구". 『중국인문과학』 제47호, 2011.

Brubaker, R., 1992, Citizenship and Nationhood in France and Germany, Cambridge, Mass: Harvard University Press.
P.Stalker. The No-Nonsense Guide to International Migration. 김보영 옮김. 『국제이주』. 서울: 이소출판사, 2004.
Gorden, M. M. (1964). Assimlation in America Life. New York : Oxford, University Press.
William Safran. 1991. Diaspora in modern societies: Myths of homeland and return. Diaspora1(1).
Yeoh, Kok Kheng, Identity and Network of Chinese Diaspora in Southeast Asia with Special Reference to a Malaysian Case of Communal Economic Movement, 전남대학교 세계한상문화연구단 국제학술회의, 2012.05.29.

崔承现. 『韩国华侨史研究』. 香港社会科学出版社有限公司, 2003.
陈燕南. "印度尼西亚华人及其经济地位". 『南洋资料译丛』 191호, 2013.
陈俊林. "马来西亚华文媒体对中华文化传承的贡献". 『东南亚纵横』 2012年第5期, 2012.
陈恩. "中华经济圈的评析与对策探讨". 『暨南学报』 第17辑第4号, 1995.
丁丽兴. "从被动适应到主动融入: 印度尼西亚华侨华人社团的历史演进". 『东南亚纵横』 2009年 第8期, 2009.
耿虎・曾少聪. "教育政策与民族问题以马来西亚华文教育为例". 『当代亚太』 2007年 第6期, 2007.
耿红卫. "印度尼西亚华文教育的历史沿革与现状". 『云南师范大学学报』 第5卷第3期, 2007.
何国忠. 『百年回眸: 马华社会与政治』, 马来西亚: 华社研究中心, 2005.
何西湖. "马来西亚华人政策的演变和发展". 『广西民族学院学报(哲学社会科学版)』 2004年12

月, 2004.
黄昆章. "印度尼西亚华人社团的现状和前景". 『世界民族』 2003年第6期, 2003.
李其荣. "论华人在马来西亚现代化中的作用". 『中南民族大学学报』 第30卷第6期, 2010.
李卓辉. 『大江浩海印华风雨: 印华先辈建设印尼血泪历程』. 联通书局出版社, 2013.
李毅. 『马来西亚工业化进程中的技术学习与技术进步』. 厦门大学出版社, 2003.
李一平. "试论马来西亚华人与马来人的民族关系". 『世界历史』 2003年第5期, 2003.
林奋之. "马来西亚华人社团的新特点". 『东南亚纵横』 2008年第3期, 2008.
骆莉. "马来西亚多元文化社会中的华人文化". 『东南亚纵横』 2002年 7期, 2002.
廖建裕. 『现阶段的印尼华族研究』. 新加坡教育出版社, 1978.
廖小健. "马来西亚、印度尼西亚民族关系比较". 『世界民族』 2004年 第1期, 2004.
______. "马来西亚华人经济的发展与影响". 『亚太经济』 2008年第3期, 2008.
梁英明. "从中华学堂到三与学校—论印度尼西亚现代华文学校的发展与演变". 『华侨华人历史研究』 2013年 6月 第2期, 2013.
刘文正. "21世纪初马来西亚华商的经济地位". 『东南亚纵横』 2013年7期, 2013.
刘世勇·武彦斌. "马来西亚华文教育现状与发展策略". 『东南亚纵横』 2012年第9期, 2012.
暨南大学东南亚研究所. 『战后东南亚国家的华侨华人政策』, 广东: 暨南大学出版社, 1989.
石沧金. "试析马来西亚华人社会与祖籍国关系的演变: 以马来西亚华人社团为例". 『华侨华人历史研究』 2006年第2期, 2006.
王焕芝·洪明. "马来西亚华文教育政策的演变及未来趋势". 『福建师范大学学报(哲学社会科学版)』 169, 2011.
温北炎. "试比较印尼语马来西亚华人融入当地主流社会的程度". 『东南亚纵横』 2003年第1期, 2003.
文萍强. 『马来西亚华人与国族建构: 从独立前到独立后五十年(上册)』. 马来西亚华社研究中心, 2009.
______. 『马来西亚华人与国族建构: 从独立前到独立后五十年(下册)』. 马来西亚华社研究中心, 2009.
吴彦华·潘永强. 『未完成的政治转型』. 华社研究中心, 2013.
巫连心. "马来西亚华文报研究现状分析". 『东南亚纵横』 2010年11期, 2011.
许梅. "独立后马来西亚华人的政治选择与政治参与". 『东南亚研究』 2004年第1期, 2004.
许国栋. "论马来西亚华人政治". 『华侨华人历史研究』 1995年第1期, 1995.
萧依钊. 『星洲日报历史写在大马的土地上』. 星洲日报, 2008.
薛秀霞. "印尼华侨移民的历史考察". 『宁波大学学报』 第14卷第3期, 2001.

云昌耀.『当代印尼华人的认同』. 台北: 群学出版有限公司, 2012.
杨贵谊.『马化文化论丛』. 华社研究中心, 2014.
杨阳. "二战后印尼政府的华人政策与华人参政".『东南学术』 2003年第2期, 2003.
原晶晶・杨晓强. "印度尼西亚华人及其资本发展现状".『东南亚纵横』 2011年 6月刊, 2011.
郑达. "改革开放以来马来西亚华商对华直接投资."『当代中国史研究』 第16辑第2号, 2009.
郑一省・叶英. "马来西亚华人与马来人共生态势初探."『东南亚南亚研究』 2011年第2期, 2011.
曾少聪. "东南亚华人与土著民族的族群关系研究".『世界民族』 2002年第2期, 2002.
庄国土.『二战后东南亚华族社会地位的变化』. 厦门大学出版社, 2003.

중국화교사무판공실. http://qwgzyj.gqb.gov.cn/yjytt/155/1830.shtml(2016. 10. 12)
법무부 출입국 · 외국인정책본부. http://www.immigration.go.kr.(2017. 02. 11)
中國僑辦. http://qwgzyj.gqb.gov.cn/yjytt/155/1830.shtml(검색일: 2016. 10. 15)
中國僑網. http://www.chinaqw.com/(검색일: 2016. 10. 15)

찾아보기

(ㄷ)

(ㄹ)

(ㅁ)

(ㅂ)

(ㅅ)

(ㅇ)

(ㅈ)

(기타)